पाठ योजना
(हिंदी)

बी.एड., जे.बी.टी., डाइट, पी.टी.टी., एन.आई.टी., बी.एस.टी.सी., तथा अन्य हेतु

For B.Ed., JBT, DIET, PTT, NIT, BSTC, AND OTHERS

विशेष विश्वविद्यालयों के लिए महत्वपूर्ण अध्ययन सामग्री

नालंदा विश्वविद्यालय, इंदिरा गाँधी राष्ट्रीय मुक्त विश्वविद्यालय (इग्नू), कुरुक्षेत्र विश्वविद्यालय, मिथिला विश्वविद्यालय, आंध्रा विश्वविद्यालय, अन्नामलाई विश्वविद्यालय, बैंगलोर विश्वविद्यालय, भारतीयर विश्वविद्यालय, भारतीदशन विश्वविद्यालय, हिमाचल प्रदेश विश्वविद्यालय, जामिया मिलिया विश्वविद्यालय, काकाटिया विश्वविद्यालय (आंध्र प्रदेश), के.एस.ओ.यू. (कर्नाटका), के.ओ.यू. (राजस्थान), एम.पी.बी.ओ.यू. (एम.पी.), एम.डी.यू. (हरियाणा), पंजाब विश्वविद्यालय, तमिलनाडु मुक्त विश्वविद्यालय, श्री पद्मावती महिला विश्वविद्यालयम् (आंध्र प्रदेश), जम्मू विश्वविद्यालय, वाई.सी.एम.ओ.यू., राजस्थान विश्वविद्यालय, उत्तर प्रदेश राजर्षि टण्डन मुक्त विश्वविद्यालय (यू.पी.) और अन्य भारतीय विश्वविद्यालय।

Closer to Nature We use Recycled Paper

GPH BOOK ®

गुल्लीबाबा पब्लिशिंग हाउस प्रा. लि.

आई.एस.ओ. 9001 एवं आई.एस.ओ. 14001 प्रमाणित कं.

Published by:
GullyBaba Publishing House Pvt. Ltd.

Regd. Office:
2525/193, 1st Floor, Onkar Nagar-A,
Tri Nagar, Delhi-110035
(From Kanhaiya Nagar Metro Station Towards Old Bus Stand)
011-27387998, 27384836, 27385249
+919350849407

Branch Office:
1A/2A, 20, Hari Sadan,
Ansari Road, Daryaganj,
New Delhi-110002
Ph. 011-45794768

E-mail: hello@gullybaba.com, **Website**:GullyBaba.com, GPHbook.com

New Edition

Price: ₹120/-

ISBN: 978-93-82688-34-1
Author: GullyBaba.com Panel

Disclaimer: Although the author and publisher have made every effort to ensure that the information in this book is correct, the author and publisher do not assume and hereby disclaim any liability to any party for any loss, damage, or disruption caused by errors or omissions, whether such errors or omissions result from negligence, accident, or any other cause.
If you find any kind of error, please let us know and get reward and or the new book free of cost.
The book is based on IGNOU syllabus. This is only a sample. The book/author/publisher does not impose any guarantee or claim for full marks or to be passed in exam. You are advised only to understand the contents with the help of this book and answer in your words.
All disputes with respect to this publication shall be subject to the jurisdiction of the Courts, Tribunals and Forums of New Delhi, India only.

Home Delivery of GPH Books

You can get GPH books by VPP/COD/Speed Post/Courier.
You can order books by Email/SMS/WhatsApp/Call.
For more details, visit gullybaba.com/faq-books.html
Our packaging department usually dispatches the books within 2 days after receiving your order and it takes nearly 5-6 days in postal/courier services to reach your destination.

Note: Selling this book on any online platform like Amazon, Flipkart, Shopclues, Rediff, etc. without prior written permission of the publisher is prohibited and hence any sales by the SELLER will be termed as ILLEGAL SALE of GPH Books which will attract strict legal action against the offender.

प्रस्तावना

सभी विषयों के शिक्षण का एकमात्र उद्देश्य छात्रों के व्यवहार में वांछित परिवर्तन करना तथा छात्रों का सर्वांगीण विकास करना होता है। इसलिए छात्र-अध्यापकों को पढ़ाने का प्रशिक्षण दिया जाता है। शिक्षण के लिए योजना बनाना संपूर्ण शैक्षिक प्रक्रिया के सबसे अधिक आकर्षक और फलदायक अंगों में से एक अंग हो सकता है।

दक्षता और बुद्धिमत्ता के साथ योजना बनाना सफल शिक्षण का मूल आधार है। यदि अध्यापक को प्रभावपूर्ण कार्य करना है तो यह आवश्यक है कि वह काफी आगे के लिए योजना बना ले जिससे कि सार्थक ढंग से उस सामग्री का समावेश कर सके जो उसके शिक्षण के लिए उपयोगी होगी। इससे वह कक्षा की आवश्यकताओं के अनुसार अपनी योजनाएँ दोहरा सकेगा और व्यक्तिगत आवश्यकताओं की पूर्ति करने की अधिक स्थिति में होगा।

छात्र-अध्यापक के समक्ष प्रशिक्षण में सबसे कठिन समस्या पाठ योजना तैयार करना होता है। उसमें शिक्षण के उपयोग के लिए उसके उद्देश्य लिखे होने चाहिए और सुनियोजित विधियों और पद्धतियों द्वारा विकसित किए जाने वाले विद्यार्थियों के उद्देश्य भी लिपिबद्ध होने चाहिए।

अध्यापकों की ऐसी कठिनाइयों का अनुभव करते हुए, हमारे विशेषज्ञों द्वारा इस पुस्तक में अच्छी और रुचिपूर्ण पाठ योजनाएँ तैयार की गईं हैं जो छात्र-अध्यापक में पाठ योजना तैयार करने के लिए एक अलग प्रकार का आत्मविश्वास बढ़ाने में सहायक होगा।

प्रकाशक (GPH) अपने कार्यरत सहायकों व लेखकों का सहृदय आभार प्रकट करता है जिनके सहयोग और प्रयास से इस पुस्तक का प्रकाशन हो पाया है।

हम आपकी सफलता की कामना करते हैं।

–प्रकाशक

TOPICS COVERED

1. पाठ योजना
(Lesson Plan)

2. पाठ योजना बनाना
(Formulate Lesson Plan)

3. विभिन्न पाठ योजनाएँ
(Different Lesson Planning)

- नादान दोस्त (कहानी) — कक्षा-6
- चिड़िया की बच्ची (कहानी) — कक्षा-7
- लाख की चूड़ियाँ (कहानी) — कक्षा-8
- एक कुत्ता और एक मैना (गद्य) — कक्षा-9
- बढ़े चलो (कविता) — कक्षा-6
- ईश्वरचंद्र विद्यासागर (गद्य) — कक्षा-6
- कठपुतली (कविता) — कक्षा-7
- आ रही रवि की सवारी (कविता) — कक्षा-8
- अम्बर की बातें (पद्य) — कक्षा-9
- वीर कुँवर सिंह (निबंध) — कक्षा-7
- दहेज प्रथा (निबंध) — कक्षा-8
- समास व उसके भेद (व्याकरण) — कक्षा-9
- संज्ञा के भेद (व्याकरण) — कक्षा-8
- संधि तथा उसके भेद (व्याकरण) — कक्षा-7
- कारकों के भेद (व्याकरण) — कक्षा-7
- अलंकार (शब्दालंकार) (व्याकरण) — कक्षा-10
- चिट्ठी (कविता) — कक्षा-6
- छुट्टी के लिए प्रार्थना पत्र (पत्र लेखन) — कक्षा-8
- सूरदास के पद (पद) — कक्षा-9
- नीलकंठ (कहानी) — कक्षा-7
- आदमीनामा (कविता) — कक्षा-9

विषय-सूची

1

पाठ योजना
(Lesson Plan)

सभी क्रियाएँ जो पहले से नियोजित की गई हों, सफल होती हैं। यदि एक अध्यापक अपना पाठ पहले से तैयार रखता है तो वह ठीक प्रकार से जानता है कि वह क्या पढ़ाने जा रहा है, कैसे पढ़ाने जा रहा है, कौन-सी शिक्षण सहायक सामग्री प्रयोग करेगा और किस प्रकार के प्रश्न पूछेगा, छात्र किस प्रकार की प्रतिक्रियाएँ देंगे, कौन-से उद्देश्य प्राप्त करने हैं और जिसका वह मूल्यांकन कर सके, तथा किस स्तर तक वह उद्देश्यों को सफलतापूर्वक प्राप्त कर सकें इत्यादि। एक नए अध्यापक के लिए पाठ योजना विस्तृत विवरण है, जबकि अनुभवी अध्यापक के लिए यह कुछ शिक्षण बिंदुओं का एक समूह है। एक पाठ योजना किसी भी अध्यापक के लिए अत्यधिक महत्त्वपूर्ण है।

प्रत्येक अध्यापक को अपनी कक्षा में शिक्षण के दौरान तर्कसंगत सहायक शिक्षण सामग्री प्रयोग करनी चाहिए। उसे पहले से ही निश्चित कर लेना चाहिए कि उसे कहाँ से पाठ शुरू करना है और कहाँ पर पाठ समाप्त करना है। शिक्षण सहायक सामग्री का प्रदर्शन परिस्थिति से संबंधित तथा समस्या के हल हेतु किया जाना चाहिए। शिक्षक को छात्रों से पूछे जाने वाले प्रश्नों की जानकारी पहले से ही होनी चाहिए चाहे छात्र उसके सभी प्रश्नों का उत्तर दे सकें अथवा न दे सकें।

पूछे गए प्रश्नों के बहुत से संभावित उत्तर हो सकते हैं। अपनी पाठ योजना और शिक्षण को प्रभावशाली बनाने के लिए शिक्षक को सभी पूछे जाने वाले प्रश्नों को गंभीरता से लेना चाहिए। पाठ योजना का शीर्ष भाग और मध्य भाग इतना महत्त्वपूर्ण नहीं है जितना कि उसमें अपनाई जाने वाली विधि, जो कि शिक्षक को अपनी पाठ योजना के अनुसार प्रभावशाली शिक्षण में मदद करती है।

पाठ योजना क्या है? (What is Lesson Plan?)

पाठ योजना एक लचीली (Elastic) तथा क्रमबद्ध (Systematic) योजना है जिसके द्वारा उद्देश्यों (Objectives) की प्राप्ति होती है। यह उन सभी प्रतिकारकों (variables) का समन्वय

करती है जो पठन-पाठन क्रिया (Teaching-learning process) को प्रभावित करें, इसमें विद्यालय का दर्शन (Philosophy), छात्रों की प्रकृति (Nature of students), शिक्षा-संबंधी अनुभव (Educational experiences), शिक्षक की योग्यता (Ability of teacher) तथा छात्रों का निरीक्षण (Supervision) आदि आते हैं। कोई भी पाठ योजना आदर्श (Ideal) नहीं कहलाती है, यह शिक्षक की योग्यता से संबंधित होती है। पाठ योजना शिक्षक के व्यक्तिगत प्रयोग हेतु तैयार की जाती है। पाठ योजना को शिक्षक जितना उत्तम बनाना चाहता है बना सकता है, परंतु एक उत्तम पाठ योजना वह कहलाती है जिसमें छात्रों की मानसिक क्रिया (Mental Process) तीव्र हो तथा छात्र उसमें सक्रिय रहें।

साधारण रूप में हम यह कह सकते हैं कि पाठ योजना अध्यापक के कक्षा अनुभवों का परिणाम है। इसके द्वारा अध्यापक को यह ज्ञात होता है कि उसके विद्यार्थियों का मानसिक स्तर क्या है, उनका विषय संबंधी ज्ञान क्या है, अध्यापक के पढ़ाने के उद्देश्य क्या हैं, किस विधि से उसे पाठ को प्रस्तुत करना है तथा पाठ को ग्राह्य व आकर्षक बनाने हेतु वह किन-किन सहायक सामग्रियों का प्रयोग करेगा। इस प्रकार पाठ योजना अध्यापक द्वारा वह पूर्व निर्धारित योजना है जिसके द्वारा अध्यापक वांछित ज्ञान व अनुभव को शिक्षा के उपयुक्त उपकरणों का प्रयोग कर मनोवैज्ञानिक विधि से विद्यार्थियों को देने का प्रयास करता है।

पाठ योजना द्वारा छात्रों में निम्न योग्यता पैदा करना संभव है:

(1) प्रश्न करना (Questioning)

(2) समस्या की व्याख्या करना (Defining a Problem)

(3) परिकल्पना करना (Hypothesising)

(4) हल की योजना बनाना (Planning a Solution)

(5) निरीक्षण करना (Observing)

(6) खोज करना (Discovering)

(7) विचार-विमर्श करना (Discussing)

(8) नोट करना (Recording)

(9) ज्ञान संगठित करना (Organising Knowledge)

(10) निष्कर्ष पर पहुँचना (Drawing Conclusions)

(11) सामान्यीकरण करना (Generalising)

(12) संबंधों को समझना (Understanding Relationship)

(13) पूर्व ज्ञान तथा अनुभवों का प्रयोग करना (Using Previous Knowledge and Experience)।

पाठ योजना की आवश्यकता (Need of Lesson Plan)

पाठ योजना से अध्यापक में आत्मविश्वास बढ़ जाता है और वह बालकों के सामने विषय प्रस्तुत करने में भी सफल होता है। अत: प्रत्येक अध्यापक को पाठ पढ़ाने से एक दिन पहले पाठ-सूत्र तैयार कर लेना चाहिए।

पाठ योजना निम्नलिखित कारणों से तैयार की जा सकती है:

(1) पाठ योजना के आधार पर पाठ्य-वस्तु (Content) को तर्कसंगत (Logical), क्रमानुसार (Systematic), सुव्यवस्थित तथा प्रभावशाली ढंग (Organised in effective form) से रखना संभव होता है।

(2) इसको तैयार करने में छात्रों के मानसिक विकास (Mental development) का ध्यान रखा जाता है।

(3) पाठ योजना द्वारा शिक्षण के उद्देश्यों (Objectives) की प्राप्ति तथा उपयुक्त पाठ्य-वस्तु (Content) का निर्धारण संभव होता है।

(4) इसके द्वारा समय (Time), प्रयत्न (Effort) तथा साधनों (Resources) की बचत होती है तथा साथ-ही-साथ कम समय में अधिक ज्ञान देना भी संभव होता है।

(5) इसके द्वारा उच्च कोटि का शिक्षण भी संभव है। साथ ही छात्रों की कठिनाइयों का अनुभव तथा परख की हुई सामग्री और नवीन संदर्भ (Reference) देने भी संभव हो जाते हैं।

(6) पाठ योजना द्वारा शिक्षक के व्यक्तित्व (Personality) का भी ज्ञान होता है। इसमें शिक्षक ने किस ढंग से पाठ्य-वस्तु का संगठन (Organisation), उद्देश्यों का वर्णन (Description of objectives) तथा उनको प्राप्त करने की युक्तियों का प्रयोग (Use of devices) किया है, सभी आती हैं।

(7) इसके द्वारा शिक्षक को अपने ज्ञान तथा विचारों का प्रयोग करने का अवसर प्राप्त होता है, इसके आधार पर शिक्षक अपने व्यावसायिक कौशल (Professional Effectiveness) की प्रगति भी कर सकता है।

(8) पाठ योजना के द्वारा शिक्षक अपने कार्य का मूल्यांकन (Evaluation) कर सकता है। यह कार्य पाठ-समाप्ति पर उद्देश्यों की प्राप्ति के आधार पर संभव है।

(9) पाठ योजना द्वारा शिक्षक में आत्मविश्वास (Self-confidence), लगनशीलता (Persistence), निर्भयता (Security) तथा स्वाभिमान (Pride) आदि गुणों का विकास होता है।

(10) प्रभावशाली पाठ योजनाएँ वे कहलाती हैं जो वातावरण (Environment) के आधार पर स्वयं शिक्षक द्वारा तैयार की जाती हैं।

अच्छी पाठ योजना की विशेषताएँ (Characteristics of a good Lesson Plan)

अध्यापक के लिए यह आवश्यक है कि उसे इस बात का पूर्ण ज्ञान हो कि अच्छी पाठ योजना की मुख्य विशेषताएँ क्या हैं। अच्छी पाठ योजना की निम्नलिखित विशेषताएँ हैं:

(1) अच्छी पाठ योजना सुलिखित होती है।

(2) पाठ योजना की भाषा छात्रों के मानसिक स्तर के अनुरूप होती है।

(3) पाठ योजना की भाषा व्याकरणिक दृष्टि से शुद्ध होती है।

(4) अच्छी पाठ योजना शिक्षा के उद्देश्यों तथा लक्ष्यों की प्राप्ति में सहायक होती है।

(5) अच्छी पाठ योजना पाठ के लिए उपयुक्त शिक्षण विधि के प्रयोग की ओर संकेत करती है।

(6) अच्छी पाठ योजना बालक के अस्तित्व को स्वीकार करती है।

(7) अच्छी पाठ योजना में विभिन्न शिक्षण तकनीकियों, सूत्रों व सहायक सामग्रियों का प्रयोग किया जाता है।

(8) पाठ योजना में बालक को पढ़ाए जाने वाली विषय-वस्तु के सारांश देने का भी प्रावधान होता है।

(9) पाठ योजना पाठ के मूल्यांकन पर भी बल देती है।

(10) अच्छी पाठ योजना विभिन्न पदों में विभाजित होती है।

2 पाठ योजना बनाना (Formulate Lesson Plan)

पाठ योजना तैयार करने में सबसे पहले पढ़ाया जाने वाला विषय निर्धारित करना चाहिए। फिर बालक की अवस्था, उसके समझने की क्षमता, घंटे की अवधि (Duration of period), पढ़ाए जाने वाले विषय तथा पढ़ाने के भाग आदि पर विचार करके पाठ-सूत्र बनाना चाहिए। आजकल पाठ-सूत्र तैयार करने की प्रथा हरबर्ट के पदों के अनुसार है। इसमें निम्नलिखित पद होते हैं:

(1) शीर्षक (Title): सबसे ऊपर पृष्ठ के बीच में पाठ-सूत्र संख्या लिखनी चाहिए। पृष्ठ के बाईं ओर तारीख लिखी जाती है। इसके बाद पाठ का शीर्षक लिखना चाहिए। शीर्षक इस प्रकार लिखा जाना चाहिए कि उससे बालकों को पढ़ाए जाने वाले पाठ का ठीक-ठीक अनुमान हो जाए। इसके बाद पाठशाला का नाम और फिर कक्षा, जिसे पाठ पढ़ाना है, लिखनी चाहिए। इसके बाद घंटे की अवधि लिखते हैं।

(2) सामान्य उद्देश्य (General Objective): यहाँ पर उद्देश्य लिखे जाते हैं जो गणित विषय के होते हैं। जैसे गणित पढ़ाने के तीन उद्देश्य हैं: व्यावहारिक, अनुशासनात्मक तथा सांस्कृतिक। अत: यही तीनों उद्देश्य यहाँ पर लिखने होते हैं।

(3) विशिष्ट उद्देश्य (Specific Objective): इसमें वे उद्देश्य लिखे जाते हैं जो किसी पाठ-विशेष के पढ़ाने से प्राप्त होते हैं। अत: ये उद्देश्य प्रत्येक पाठ के लिए अलग-अलग होते हैं और प्राय: प्रसंग पर निर्भर करते हैं।

(4) पूर्व ज्ञान (Previous Knowledge): पूर्व ज्ञान का आशय पाठ से संबंधित उन बातों से है जो बालक पहले से ही जानते हैं। ये बातें उन्होंने चाहे विद्यालय में किसी पाठ में पढ़ी हों या विद्यालय के बाहर अनुभव से प्राप्त की हों। पूर्व ज्ञान के आधार पर प्रस्तावना में प्रश्न किए जाते हैं।

(5) सहायक सामग्री (Teaching Aids): पाठ पढ़ाते समय अध्यापक को जिस प्रकार की सहायक सामग्री के प्रयोग करने की आवश्यकता होती है, उस सामग्री का उल्लेख इसके अंतर्गत किया जाता है। इस सहायक सामग्री को उस क्रम में लिखना चाहिए, जिस क्रम में उसका प्रयोग किया जाए।

(6) प्रस्तावना (Introduction): अध्यापक के लिए प्रस्तावना ही सबसे प्रमुख है। प्रस्तावना द्वारा अध्यापक बालकों के मनोविकारों को अपने पाठ के अनुकूल बना लेता है। बालकों के पूर्व ज्ञान और नवीन पाठ में संबंध जोड़ने के लिए अध्यापक पूर्व ज्ञान के आधार पर प्रश्न पूछता है। इस प्रकार इन प्रश्नों द्वारा बालकों के पूर्व ज्ञान और नवीन पाठ में संबंध जोड़ता है। ये प्रश्न इस प्रकार के होने चाहिए कि बालक को नवीन पाठ पढ़ाने के लिए रुचि और उत्साह बढ़े। प्रस्तावना में सात-आठ मिनट से अधिक समय नहीं लगाना चाहिए।

(7) उद्देश्य-कथन (Statement of topic): प्रस्तावना समाप्त होने पर उद्देश्य-कथन किया जाता है। इस समय बालकों को नवीन पाठ का आभास मिल जाता है। उद्देश्य-कथन इस प्रकार करना चाहिए कि बालकों को यह मालूम हो जाए कि जो समस्या उनके मस्तिष्क को उद्विग्न कर रही है, उसका हल इस नवीन पाठ को पढ़ाने से मिलेगा। यह संक्षिप्त, निश्चित और आकर्षक होना चाहिए।

(8) प्रस्तुतीकरण (Presentation): प्रस्तुतीकरण के समय ध्यान रखना चाहिए कि शिक्षक क्रियाओं से अधिक महत्त्वपूर्ण छात्र क्रियाएँ होती हैं, क्योंकि पाठ छात्रों के लिए होता है, अध्यापकों के लिए नहीं। पाठ की प्रस्तावना, उद्देश्य कथन, व्याख्या आदि को सीमित रखना चाहिए तथा इसके बाद छात्रों को उनके संवेदन अंगों [हाथ (करके सीखना), आँख (देखकर सीखना), मुँह (बोलकर सीखना) आदि] के सहयोग द्वारा ज्ञान प्रदान किया जाना चाहिए। आप संक्षिप्त ज्ञान प्रभावशाली भाषण द्वारा प्रदान कर सकते हैं। छात्र बिना संदेह के ज्ञान अर्जित करते हैं यदि वे अपने ज्ञान व सृजनात्मकता के आधार पर निश्चित निष्कर्षों पर पहुँचते हैं।

इसलिए पाठ को तभी शुरू करना चाहिए जब छात्र पाठ के अध्ययन के लिए मानसिक रूप से तैयार हों और शिक्षक छात्रों को पाठ के उद्देश्य बताएँ ताकि छात्र नई सोच व नए ज्ञान को ग्रहण कर सके। शिक्षक को अधिक ज्ञान की आवश्यकता होती है इसलिए वह छात्रों से प्रश्न पूछकर इस कार्य को करता है। पाठ का विकास छात्रों और शिक्षक के सक्रिय योगदान के फलस्वरूप होना चाहिए।

पाठ को मूर्त तथा रोचक बनाने के लिए क्रियाकलापों व शिक्षण सहायक सामग्री की सहायता ली जानी चाहिए। जहाँ तक संभव हो, नवीन ज्ञान को छात्रों के पूर्व ज्ञान से जोड़ा जाना चाहिए। यह बहुत महत्त्वपूर्ण बिंदु है जो सदैव ध्यान रखना चाहिए जब नए सिद्धांतों और गणितीय सामान्यीकरण को प्रस्तुत करते हैं।

अंत में विद्यार्थियों को एक स्तर पर पहुँचना होता है जहाँ वे अपने ज्ञान प्राप्ति का सामान्यीकरण कर सकें। छात्र स्वयं कई प्रकार के गणितीय सिद्धांतों, निष्कर्षों व सूत्रों के आधार पर प्रश्न हल कर सकते हैं। इसी प्रकार अध्यापक का कार्य मार्गदर्शक व छात्रों को नया ज्ञान प्राप्त करवाना है।

(9) आदर्श प्रश्न (Ideal Question): इस प्रकरण में समस्या का रूप स्पष्ट व लिखित रूप में छात्रों के समक्ष पेश करना चाहिए। प्रशिक्षण के समय यह समस्या (आदर्श प्रश्न) श्यामपट्ट पर लिखकर छात्रों के समक्ष प्रस्तुत करनी चाहिए। जिसमें आंकिक प्रश्न प्रमेय अथवा कोई भी अन्य समस्या जो प्रश्न के रूप में प्रस्तुत की जा सके, लिखनी होती है।

(10) श्यामपट्ट हल (Blackboard Solution): गणित में यह प्रक्रिया विशेष महत्त्व रखती है क्योंकि गणित में श्यामपट्ट का प्रयोग किए बिना समस्या का हल ठीक प्रकार ज्ञात नहीं हो सकता है। प्रस्तुति के खत्म होते ही छात्राध्यापक एक आदर्श प्रश्न पूछता है तथा तुरंत उसके बाद श्यामपट्ट पर उसका हल करने लगता है। यह क्रम तब तक जारी रहता है जब तक प्रश्न का हल पूरा नहीं हो जाता है। यदि प्रश्न के हल की प्रक्रिया लंबी है और श्यामपट्ट पर एक साथ नहीं आ रही है तो बीच में ही प्रक्रिया को रोक कर छात्रों से कहना चाहिए कि आप इसे अपनी कॉपी पर लिख लें और पुन: शेष प्रक्रिया को आगे बढ़ाकर प्रश्न का पूरा हल करना चाहिए। श्यामपट्ट का प्रयोग व्यवस्थित करके करना चाहिए क्योंकि कहाँ चित्र बनेगा और किस स्थान पर क्या लिखा जाएगा इसका ज्ञान अध्यापक को पहले से ध्यान रखना चाहिए क्योंकि वह अनुभवी होता है। श्यामपट्ट पर सुंदर सीधी रेखाओं में स्पष्ट अक्षर लिखें, न बहुत बड़ा-बड़ा लिखें और न बहुत छोटा। गणित में श्यामपट्ट बहुत ही उपयोगी वस्तु है, जिसका प्रयोग बहुत सोच समझकर ही करना चाहिए। गुणा-भाग जो बीच में आते हैं, उन्हें लिखकर डस्टर से बिगाड़ा भी जा सकता है क्योंकि वह भी स्थान व्यर्थ में घेरे हुए होते हैं।

***विशेष*:** अब प्रश्न यह उठता है कि छात्र साथ-साथ लिखें अथवा बाद में लिखें। वास्तविकता तो यह है कि प्रश्न का जब संपूर्ण हल हो जाए तब छात्रों से कहना चाहिए कि अब आप इसे कॉपी पर लिख सकते हैं। यदि श्यामपट्ट का हल एक बार में पूरा नहीं होता तो बीच में उसे कॉपी पर उतरवाने को भी कह सकते हैं तथा शेष हल पूरा होने पर कॉपी पर लिखवाया जा सकता है। यहाँ श्यामपट्ट पर प्रश्न व उत्तर नहीं लिखने हैं बल्कि प्रक्रिया का चरण (step) ही श्यामपट्ट पर लिखना है, यह बात अधिक ध्यान में रखने की है।

(11) पुनरावृत्ति (Recapitulation): पाठ समाप्त होने पर अध्यापक को बालकों से ऐसे प्रश्न पूछने चाहिए जिससे यह ज्ञात हो जाए कि बालकों ने पाठ भली-भाँति समझ लिया है या नहीं। प्रश्न इस प्रकार के पूछे जाने चाहिए जिससे समस्त पाठ दोहराया जा सके और बालकों को पढ़ाते समय यदि कोई शंका रही हो तो उसका भी समाधान हो जाए।

(12) गृह-कार्य (Home-Work): अंत में पाठ से संबंधित कुछ कार्य बालकों को घर पर करने के लिए दे दिया जाता है। गृह-कार्य अभ्यास के लिए परम आवश्यक है परंतु गृह-कार्य देते समय यह ध्यान रखना चाहिए कि गणित में पढ़ाए गए पाठ पर सरल तथा फिर कठिन प्रश्नों का उसमें समावेश करना चाहिए और गृह-कार्य इतना ज्यादा न हो कि बालक उसे घर पर न कर सकें। गृह-कार्य की अगले दिन जाँच भी होनी चाहिए।

पाठ-सूत्र के संबंध में आवश्यक बात यह है कि अध्यापक को अपना पाठ नियत समय में ही समाप्त करने का भरसक प्रयत्न करना चाहिए, न तो ऐसा होना चाहिए कि घंटा समाप्त होने से पहले ही पाठ समाप्त हो जाए और न ऐसा होना चाहिए कि घंटा समाप्त हो जाए परंतु पाठ समाप्त न हो। जहाँ तक संभव हो, पाठ बिल्कुल ठीक घंटे के साथ समाप्त होना चाहिए।

3 विभिन्न पाठ योजनाएँ
(Different Lesson Planning)

पाठ योजना 1
(Lesson Plan 1)

'नादान दोस्त'

केशव के घर कार्निस के ऊपर एक चिड़िया ने अंडे दिए थे। केशव और उसकी बहन श्यामा दोनों बड़े ध्यान से चिड़िया को वहाँ आते-जाते देखा करते। सवेरे दोनों आँखें मलते कार्निस के सामने पहुँच जाते और चिड़ा और चिड़िया दोनों को वहाँ बैठा पाते। उनको देखने में दोनों बच्चों को न मालूम क्या मजा मिलता, दूध और जलेबी की सुध भी न रहती थी। दोनों के दिल में तरह-तरह के सवाल उठते। अंडे कितने बड़े होंगे? किस रंग के होंगे? कितने होंगे? क्या खाते होंगे? उनमें से बच्चे किस तरह निकल आएँगे? बच्चों के पर कैसे निकलेंगे? घोंसला कैसा है? लेकिन इन बातों का जवाब देने वाला कोई नहीं। न अम्मा को घर के काम-धंधों से फुरसत थी न बाबू जी को पढ़ने-लिखने से। दोनों बच्चे आपस ही में सवाल-जवाब करके अपने दिल को तसल्ली दे लिया करते थे।

श्यामा कहती—क्यों भैया, बच्चे निकलकर फुर्र से उड़ जाएँगे?

केशव विद्वानों जैसे गर्व से कहता—नहीं री पगली, पहले पर निकलेंगे। बगैर परों के बेचारे कैसे उड़ेंगे?

श्यामा—बच्चों को क्या खिलाएगी बेचारी?

केशव इस पेचीदा सवाल का जवाब कुछ न दे सकता था।

इस तरह तीन-चार दिन गुजर गए। दोनों बच्चों की जिज्ञासा दिन-दिन बढ़ती जाती थी। अंडों को देखने के लिए वे अधीर हो उठते थे। उन्होंने अनुमान लगाया कि अब जरूर बच्चे निकल

आए होंगे। बच्चों के चारे का सवाल अब उनके सामने आ खड़ा हुआ। चिड़िया बेचारी इतना दाना कहाँ पाएगी कि सारे बच्चों का पेट भरे। गरीब बच्चे भूख के मारे चूँ-चूँ करके मर जाएँगे।

इस मुसीबत का अंदाजा करके दोनों घबरा उठे। दोनों ने फैसला किया कि कार्निस पर थोड़ा-सा दाना रख दिया जाए। श्यामा खुश होकर बोली–तब तो चिड़ियों को चारे के लिए कहीं उड़कर न जाना पड़ेगा न?

केशव–नहीं, तब क्यों जाएँगी?

श्यामा–क्यों भैया, बच्चों को धूप न लगती होगी?

केशव का ध्यान इस तकलीफ की तरफ न गया था। बोला–जरूर तकलीफ हो रही होगी। बेचारे प्यास के मारे तड़पते होंगे। ऊपर छाया भी तो कोई नहीं।

आखिर यही फैसला हुआ कि घोंसले के ऊपर कपड़े की छत बना देनी चाहिए। पानी की प्याली और थोड़े-से चावल रख देने का प्रस्ताव भी स्वीकृत हो गया।

दोनों बच्चे बड़े चाव से काम करने लगे। श्यामा माँ की आँख बचाकर मटके से चावल निकाल लाई। केशव ने पत्थर की प्याली का तेल चुपके से जमीन पर गिरा दिया और उसे खूब साफ करके उसमें पानी भरा।

अब चाँदनी के लिए कपड़ा कहाँ से आए? फिर ऊपर बगैर छड़ियों के कपड़ा ठहरेगा कैसे और छड़ियाँ खड़ी होंगी कैसे?

केशव बड़ी देर तक इसी उधेड़बुन में रहा। आखिरकार उसने यह मुश्किल भी हल कर दी। श्यामा से बोला–जाकर कूड़ा फेंकने वाली टोकरी उठा लाओ। अम्माँ जी को मत दिखाना।

श्यामा–वह तो बीच से फटी हुई है। उसमें से धूप न जाएगी?

केशव ने झुँझलाकर कहा–तू टोकरी तो ला, मैं उसका सूराख बंद करने की कोई हिकमत निकालूँगा।

श्यामा दौड़कर टोकरी उठा लाई। केशव ने उसके सूराख में थोड़ा-सा कागज ठूँस दिया और तब टोकरी को एक टहनी से टिकाकर बोला–देख, ऐसे ही घोंसले पर उसकी आड़ कर दूँगा। तब कैसे धूप जाएगी?

श्यामा ने दिल में सोचा, भैया कितने चालाक हैं!

गर्मी के दिन थे। बाबू जी दफ्तर गए हुए थे। अम्माँ दोनों बच्चों को कमरे में सुलाकर खुद सो गई थीं। लेकिन बच्चों की आँखों में आज नींद कहाँ? अम्माँ जी को बहलाने के लिए दोनों दम रोके आँखें बंद किए मौके का इंतजार कर रहे थे। ज्यों ही मालूम हुआ कि अम्माँ जी अच्छी तरह से सो गईं, दोनों चुपके से उठे और बहुत धीरे से दरवाजे की सिटकनी खोलकर बाहर निकल आए। अंडों की हिफाजत की तैयारियाँ होने लगीं। केशव कमरे से एक स्टूल उठा लाया, लेकिन जब उससे काम न चला तो नहाने की चौकी लाकर स्टूल के नीचे रखी और डरते-डरते स्टूल पर चढ़ा।

श्यामा दोनों हाथों से स्टूल पकड़े हुए थी। स्टूल चारों टाँगें बराबर न होने के कारण जिस तरफ ज्यादा दबाव पाता था, जरा-सा हिल जाता था। उस वक्त केशव को कितनी तकलीफ उठानी पड़ती थी, यह उसी का दिल जानता था। दोनों हाथों से कार्निस पकड़ लेता और श्यामा को दबी आवाज से डाँटता–अच्छी तरह पकड़, वरना उतरकर बहुत मारूँगा। मगर बेचारी श्यामा का दिल तो ऊपर कार्निस पर था। बार-बार उसका ध्यान उधर चला जाता और हाथ ढीले पड़ जाते।

केशव ने ज्यों ही कार्निस पर हाथ रखा, दोनों चिड़ियाँ उड़ गईं। केशव ने देखा, कार्निस पर थोड़े तिनके बिछे हुए हैं और उन पर तीन अंडे पड़े हैं। जैसे घोंसले उसने पेड़ों पर देखे थे, वैसा कोई घोंसला नहीं है। श्यामा ने नीचे से पूछा–कै बच्चे हैं भैया?

केशव–तीन अंडे हैं, अभी बच्चे नहीं निकले।

श्यामा–जरा हमें दिखा दो भैया, कितने बड़े हैं?

केशव–दिखा दूँगा, पहले जरा चिथड़े ले आ, नीचे बिछा दूँ। बेचारे अंडे तिनकों पर पड़े हैं।

श्यामा दौड़कर अपनी पुरानी धोती फाड़कर एक टुकड़ा लाई। केशव ने झुककर कपड़ा ले लिया, उसकी कई तह करके उसने एक गद्दी बनाई और उसे तिनकों पर बिछाकर तीनों अंडे धीरे से उस पर रख दिए।

श्यामा ने फिर कहा–हमको भी दिखा दो भैया।

केशव–दिखा दूँगा, पहले जरा वह टोकरी तो दे दो, ऊपर छाया कर दूँ।

श्यामा ने टोकरी नीचे से थमा दी और बोली–अब तुम उतर आओ, मैं भी तो देखूँ।

केशव ने टोकरी को एक टहनी से टिकाकर कहा–जा, दाना और पानी की प्याली ले आ, मैं उतर आऊँ तो तुझे दिखा दूँगा।

श्यामा प्याली और चावल भी लाई। केशव ने टोकरी के नीचे दोनों चीजें रख दीं और आहिस्ता से उतर आया।

श्यामा ने गिड़गिड़ाकर कहा–अब हमको भी चढ़ा दो भैया। केशव–तू गिर पड़ेगी।

श्यामा–न गिरूँगी भैया, तुम नीचे से पकड़े रहना।

केशव–न भैया, कहीं तू गिर-गिरा पड़ी तो अम्माँ जी मेरी चटनी ही कर डालेंगी। कहें कि तूने ही चढ़ाया था। क्या करेगी देखकर? अब अंडे बड़े आराम से हैं। जब बच्चे निकलेंगे, तो उनको पालेंगे।

दोनों चिड़ियाँ बार-बार कार्निस पर आती थीं और बगैर बैठे ही उड़ जाती थीं। केशव ने सोचा, हम लोगों के डर से नहीं बैठतीं। स्टूल उठाकर कमरे में रख आया, चौकी जहाँ की थी, वहाँ रख दी।

श्यामा ने आँखों में आँसू भरकर कहा–तुमने मुझे नहीं दिखाया, मैं अम्माँ जी से कह दूँगी।

केशव–अम्माँ जी से कहेगी तो बहुत मारूँगा, कहे देता हूँ।

श्यामा–तो तुमने मुझे दिखाया क्यों नहीं?

केशव–और गिर पड़ती तो चार सर न हो जाते!

श्यामा–हो जाते, हो जाते। देख लेना मैं कह दूँगी!

इतने में कोठरी का दरवाजा खुला और माँ ने धूप से आँखों को बचाते हुए कहा–तुम दोनों बाहर कब निकल आए? मैंने कहा न था कि दोपहर को न निकलना? किसने किवाड़ खोला?

किवाड़ केशव ने खोला था, लेकिन श्यामा ने माँ से यह बात नहीं कही। उसे डर लगा कि भैया पिट जाएँगे । केशव दिल में काँप रहा था कि कहीं श्यामा कह न दे। अंडे न दिखाए थे, इससे अब उसको श्यामा पर विश्वास न था। श्यामा सिर्फ मुहब्बत के मारे चुप थी या इस कसूर में हिस्सेदार होने की वजह से इसका फैसला नहीं किया जा सकता। शायद दोनों ही बातें थीं।

माँ ने दोनों को डाँट-डपटकर फिर कमरे में बंद कर दिया और आप धीरे-धीरे उन्हें पंखा झलने लगी। अभी सिर्फ दो बजे थे। बाहर तेज लू चल रही थी। अब दोनों बच्चों को नींद आ गई थी।

चार बजे यकायक श्यामा की नींद खुली। किवाड़ खुले हुए थे। वह दौड़ी हुई कार्निस के पास आई और ऊपर की तरफ ताकने लगी। टोकरी का पता न था। संयोग से उसकी नजर नीचे गई और वह उलटे पाँव दौड़ती हुई कमरे में जाकर जोर से बोली—भैया, अंडे तो नीचे पड़े हैं, बच्चे उड़ गए।

केशव घबराकर उठा और दौड़ा हुआ बाहर आया तो क्या देखता है कि तीनों अंडे नीचे टूटे पड़े हैं और उनसे कोई चूने की-सी चीज बाहर निकल आई है। पानी की प्याली भी एक तरफ टूटी पड़ी है।

उसके चेहरे का रंग उड़ गया। सहमी हुई आँखों से जमीन की तरफ देखने लगा।

श्यामा ने पूछा—बच्चे कहाँ उड़ गए भैया?

केशव ने करुण स्वर में कहा—अंडे तो फूट गए।

श्यामा—और बच्चे कहाँ गए?

केशव—तेरे सर में। देखती नहीं है अंडों में से उजला-उजला पानी निकल आया है। वही तो दो-चार दिनों में बच्चे बन जाते।

माँ ने सोटी हाथ में लिए हुए पूछा—तुम दोनों वहाँ धूप में क्या कर रहे हो?

श्यामा ने कहा—अम्माँ जी, चिड़िया के अंडे टूटे पड़े हैं।

माँ ने आकर टूटे हुए अंडों को देखा और गुस्से से बोलीं—तुम लोगों ने अंडों को छुआ होगा।

अब तो श्यामा को भैया पर जरा भी तरस न आया। उसी ने शायद अंडों को इस तरह रख दिया कि वह नीचे गिर पड़े। इसकी उसे सजा मिलनी चाहिए। बोली—इन्होंने अंडों को छेड़ा था अम्माँ जी।

माँ ने केशव से पूछा—क्यों रे?

केशव भीगी बिल्ली बना खड़ा रहा।

माँ—तू वहाँ पहुँचा कैसे?

श्यामा—चौकी पर स्टूल रखकर चढ़े अम्माँ जी। केशव—तू स्टूल थाम नहीं खड़ी थी? श्यामा—तुम्हीं ने तो कहा था।

माँ—तू इतना बड़ा हुआ, तुझे अभी इतना भी नहीं मालूम कि छूने से चिड़ियों के अंडे गंदे हो जाते हैं। चिड़िया फिर उन्हें नहीं सेती।

श्यामा ने डरते-डरते पूछा—तो क्या चिड़िया ने अंडे गिरा दिए हैं अम्माँ जी?

माँ—और क्या करती! केशव के सिर इसका पाप पड़ेगा। हाय, हाय, तीन जानें ले लीं दुष्ट ने!

केशव रोनी सूरत बनाकर बोला—मैंने तो सिर्फ अंडों को गद्दी पर रख दिया था अम्माँ जी!

माँ को हँसी आ गई। मगर केशव को कई दिनों तक अपनी गलती पर अफसोस होता रहा। अंडों की हिफाजत करने के जोग में उसने उनका सत्यानाश कर डाला। इसे याद कर वह कभी-कभी रो पड़ता था। दोनों चिड़ियाँ वहाँ फिर न दिखाई दीं।

—प्रेमचंद

विषय: हिंदी (कहानी)	**कक्षा:** VIth
उपविषय: 'नादान दोस्त'	**समयावधि:** 35-40 मिनट
	दिनांक: ....

(1) सामान्य उद्देश्य (General Objective)

- छात्रों के विभिन्न विषयों के ज्ञान की वृद्धि करना।
- छात्रों की विचार एवं तर्कशक्ति का विकास करना।
- छात्रों की रचनात्मक वृत्ति को जागृत करना।
- छात्रों में अस्त-व्यक्त विचारों को एक व्यवस्था देने और उनमें क्रमबद्ध रूप से सोचने की क्षमता विकसित करना।
- छात्रों को शुद्ध, बोधगम्य, ललित एवं प्रभावोत्पादक भाषा में भाव अभिव्यक्त करने के योग्य बनाना और उनकी रचनात्मक प्रवृत्ति का विकास करना।

(2) विशिष्ट उद्देश्य (Specific Objective)

छात्रों को प्रेमचंद द्वारा लिखित कहानी 'नादान दोस्त' से अवगत करना तथा इस पर आधारित प्रश्नों के उत्तर देने में समर्थ करना।

(3) पूर्व ज्ञान (Previous Knowledge)

छात्र दोस्ती क्या होती है, जानते हैं।

(4) सहायक सामग्री (Teaching Aids)

श्यामपट्ट, चॉक, डस्टर इत्यादि।

(5) प्रस्तावना (Introduction)

शिक्षक प्रश्न	छात्र उत्तर
प्रश्न—बच्चों, क्या आपने चिड़िया देखी है?	**उत्तर**—हाँ
प्रश्न—क्या आपने चिड़िया के अंडे देखे हैं?	**उत्तर**—हाँ/नहीं।
प्रश्न—यह देखने में कैसे लगते हैं?	**उत्तर**—सुंदर
प्रश्न—क्या आपने चिड़ियों या उनके अंडों से संबंधित कहानी पढ़ी है?	**उत्तर**—नहीं

(6) उद्देश्य कथन (Statement of topic)

छात्रों, आज हम मुंशी प्रेमचंद द्वारा लिखित कहानी 'नादान दोस्त' का अध्ययन करेंगे।

(7) प्रस्तुतीकरण (Presentation)

पाठ्य वस्तु एवं शिक्षण बिंदु	शिक्षक क्रियाएँ	छात्र क्रियाएँ
"केशव के घर.......... कितने चालाक है!"	अध्यापक उचित आरोह एवं अवरोह तथा उच्चारण के साथ आदर्श वाचन करेगा।	छात्र ध्यानपूर्वक सुनते हैं।
	कठिन शब्दोच्चारण: कार्निस निकलेंगे फुरसत फुर्र विद्वानों पेचीदा तकलीफ घोंसले स्वीकृत छड़ियों आखिरकार फेंकने वाली	छात्र स्पष्ट एवं शुद्ध उच्चारण का अभ्यास करेंगे।
	कठिन शब्दार्थ: कार्निस–दीवार की कँगनी मजा–आनंद तसल्ली–सांत्वना, दिलासा विद्वान–ज्ञानी अधीर–उतावला, आकुल पेचीदा–उलझन वाला, कठिन फुर्र–चिड़ियों के उड़ने में होने वाली परों की आवाज जिज्ञासा–उत्सुकता	

पाठ्य वस्तु एवं शिक्षण बिंदु	शिक्षक क्रियाएँ	छात्र क्रियाएँ
	विलोम शब्दः ध्यान से–लापरवाही से फुरसत–व्यस्त पेचीदा–आसान	
"गर्मी के .... फिर न दिखाई दी।"	शिक्षक उचित आरोह एवं अवरोह तथा उच्चारण के साथ आदर्श वाचन करेगा।	छात्र ध्यानपूर्वक सुनते हैं।
	कठिन शब्दोच्चारणः दफ्तर सिटकनी हिफाजत बिछाकर गिड़गिड़ाकर गिरूँगी हिस्सेदार डाँट-डपटकर अफसोस सत्यानाश **कठिन शब्दार्थः** सूराख–छेद हिकमत–युक्ति, उपाय हिफाजत–रक्षा चिथड़े–फटा-पुराना कपड़ा, गूदड़ आहिस्ता–धीरे से, धीरे-धीरे, धीमी आवाज से यकायक–अचानक	
निरीक्षण कार्य	शिक्षक छात्रों को शब्द-अर्थ उतारने का आदेश देगा तथा लिखित कार्य का निरीक्षण करेगा।	छात्र कठिन शब्दों के अर्थ उतारेंगे।
मौन वाचन	शिक्षक छात्रों को मौन वाचन का आदेश देगा।	छात्र मौन वाचन करेंगे।

पाठ्य वस्तु एवं शिक्षण बिंदु	शिक्षक क्रियाएँ	छात्र क्रियाएँ
मूल्यांकन प्रश्न	**प्रश्न**—केशव और श्यामा के मन में अंडों को देखकर तरह-तरह के सवाल क्यों उठते थे? **प्रश्न**—अंडों के बारे में दोनों आपस ही में सवाल-जवाब करके अपने दिल को तसल्ली क्यों दे दिया करते थे? **प्रश्न**—केशव और श्यामा ने चिड़िया और अंडों की देखभाल के लिए किन तीन बातों का ध्यान रखा?	छात्र उत्तर देते हैं।

(8) पुनरावृत्ति (Recapitulation)

- अंडों के टूट जाने के बाद माँ के यह पूछने पर कि—'तुम लोगों ने अंडों को छुआ होगा।' के जवाब में श्यामा ने क्या कहा और उसने ऐसा क्यों किया?
- माँ के सोते ही केशव और श्यामा दोपहर में बाहर क्यों निकल आए? माँ के पूछने पर भी दोनों में से किसी ने किवाड़ खोलकर दोपहर में बाहर निकलने का कारण क्यों नहीं बताया?

(9) गृह-कार्य (Home-Work)

- पाठ के आधार पर बताओ कि अंडे गंदे क्यों हुए और उन अंडों का क्या हुआ?
- पाठ से मालूम करो कि माँ को हँसी क्यों आई? तुम्हारी समझ से माँ को क्या करना चाहिए था?
- इस पाठ में गर्मी के दिनों की चर्चा है। अगर सर्दी या बरसात के दिन होते तो क्या-क्या होता? अनुमान करो और अपने साथियों को सुनाओ।

पाठ योजना 2
(Lesson Plan 2)

'चिड़िया की बच्ची'

माधवदास ने अपनी संगमरमर की नई कोठी बनवाई है। उसके सामने बहुत सुहावना बगीचा भी लगवाया है। उनको कला से बहुत प्रेम है। धन की कमी नहीं है और कोई व्यसन छू नहीं गया है। सुंदर अभिरुचि के आदमी हैं। फूल-पौधे, रकाबियों से हौजों में लगे फव्वारों में उछलता हुआ पानी उन्हें बहुत अच्छा लगता है। समय भी उनके पास काफी है। शाम को जब दिन की गरमी ढल जाती है और आसमान कई रंग का हो जाता है तब कोठी के बाहर चबूतरे पर तख्त डलवाकर मसनद के सहारे वह गलीचे पर बैठते हैं और प्रकृति की छटा निहारते हैं। इनमें मानो उनके मन को तृप्ति मिलती है। मित्र हुए तो उनसे विनोद-चर्चा करते हैं, नहीं तो पास रखे हुए फर्शी हुक्के की सटक को मुँह में दिए ख्याल ही ख्याल में संध्या को स्वप्न की भाँति गुजार देते हैं।

आज कुछ-कुछ बादल थे। घटा गहरी नहीं थी। धूप का प्रकाश उनमें से छन-छनकर आ रहा था। माधवदास मसनद के सहारे बैठे थे। उन्हें जिंदगी में क्या स्वाद नहीं मिला है? पर जी भरकर भी कुछ खाली सा रहता है।

उस दिन संध्या समय उनके देखते-देखते सामने की गुलाब की डाली पर एक चिड़िया आन बैठी। चिड़िया बहुत सुंदर थी। उसकी गरदन लाल थी और गुलाबी होते-होते किनारों पर जरा-जरा नीली पड़ गई थी। पंख ऊपर से चमकदार स्याह थे। उसका नन्हा सा सिर तो बहुत प्यारा लगता था और शरीर पर चित्र-विचित्र चित्रकारी थी। चिड़िया को मानो माधवदास की सत्ता का कुछ पता नहीं था और मानो तनिक देर का आराम भी उसे नहीं चाहिए था। कभी पर हिलाती थी, कभी फुदकती थी। वह खूब खुश मालूम होती थी। अपनी नन्ही सी चोंच से प्यारी-प्यारी आवाज निकाल रही थी।

माधवदास को वह चिड़िया बड़ी मनमानी लगी। उसकी स्वच्छंदता बड़ी प्यारी जान पड़ती थी। कुछ देर तक वह उस चिड़िया का इस डाल से उस डाल थिरकना देखते रहे। इस समय वह अपना बहुत-कुछ भूल गए। उन्होंने उस चिड़िया से कहा, "आओ, तुम बड़ी अच्छी आईं। यह बगीचा तुम लोगों के बिना सूना लगता है। सुनो चिड़िया तुम खुशी से यह समझो कि यह बगीचा मैंने तुम्हारे लिए ही बनवाया है। तुम बेखटके यहाँ आया करो।"

चिड़िया पहले तो असावधान रही। फिर जानकर कि बात उससे की जा रही है, वह एकाएक तो घबराई। फिर संकोच को जीतकर बोली, "मुझे मालूम नहीं था कि यह बगीचा आपका है। मैं अभी चली जाती हूँ। पलभर साँस लेने मैं यहाँ टिक गई थी।"

माधवदास ने कहा, "हाँ, बगीचा तो मेरा है। यह संगमरमर की कोठी भी मेरी है। लेकिन, इस सबको तुम अपना भी समझ सकती हो। सब कुछ तुम्हारा है। तुम कैसी भोली हो, कैसी प्यारी हो। जाओ नहीं, बैठो। मेरा मन तुमसे बहुत खुश होता है।"

चिड़िया बहुत-कुछ सकुचा गई। उसे बोध हुआ कि यह उससे गलती तो नहीं हुई कि वह यहाँ बैठ गई है। उसका थिरकना रुक गया। भयभीत-सी वह बोली, "मैं थककर यहाँ बैठ गई थी। मैं अभी चली जाऊँगी। बगीचा आपका है। मुझे माफ करें!"

माधवदास ने कहा, "मेरी भोली चिड़िया, तुम्हें देखकर मेरा चित्त प्रफुल्लित हुआ है। मेरा महल भी सूना है। वहाँ कोई भी चहचहाता नहीं है। तुम्हें देखकर मेरी रागनियों का जी बहलेगा। तुम कैसी प्यारी हो, यहाँ ही तुम क्यों न रहो?"

चिड़िया बोली, "मैं माँ के पास जा रही हूँ, सूरज की धूप खाने और हवा से खेलने और फूलों से बात करने मैं जरा घर से उड़ आई थी, अब साँझ हो गई है और माँ के पास जा रही हूँ। अभी-अभी मैं चली जा रही हूँ। आप सोच न करें।"

माधवदास ने कहा, "प्यारी चिड़िया, पगली मत बनो। देखो, तुम्हारे चारों तरफ कैसी बहार है। देखो, वह पानी खेल रहा है, उधर गुलाब हँस रहा है। भीतर महल में चलो, जाने क्या-क्या न पाओगी! मेरा दिल वीरान है। वहाँ कब हँसी सुनने को मिलती है? मेरे पास बहुत सा सोना-मोती है। सोने का एक बहुत सुंदर घर मैं तुम्हें बना दूँगा, मोतियों की झालर उसमें लटकेगी। तुम मुझे खुश रखना। और तुम्हें क्या चाहिए! माँ के पास बताओ क्या है? तुम यहाँ ही सुख से रहो, मेरी भोली गुड़िया।"

चिड़िया इन बातों से बहुत डर गई। वह बोली, "मैं भटककर तनिक आराम के लिए इस डाली पर रुक गई थी। अब भूलकर भी ऐसी गलती नहीं होगी। मैं अभी यहाँ से उड़ी जा रही हूँ। तुम्हारी बातें मेरी समझ में नहीं आती हैं। मेरी माँ के घोंसले के बाहर बहुतेरी सुनहरी धूप बिखरी रहती है। मुझे और क्या करना है? दो दाने माँ ला देती है और जब मैं पर खोलने बाहर जाती हूँ तो माँ मेरी बाट देखती रहती है। मुझे तुम और कुछ मत समझो, मैं अपनी माँ की हूँ।"

माधवदास ने कहा, "भोली चिड़िया, तुम कहाँ रहती हो? तुम मुझे नहीं जानती हो?"

चिड़िया, "मैं माँ को जानती हूँ, भाई को जानती हूँ, सूरज को और उसकी धूप को जानती हूँ। घास, पानी और फूलों को जानती हूँ। महामान्य, तुम कौन हो? मैं तुम्हें नहीं जानती।"

माधवदास, "तुम भोली हो चिड़िया! तुमने मुझे नहीं जाना, तब तुमने कुछ नहीं जाना। मैं ही तो हूँ सेठ माधवदास। मेरे पास क्या नहीं है! जो माँगो, मैं वही दे सकता हूँ।"

चिड़िया, "पर मेरी तो छोटी सी जात है। आपके पास सब कुछ है। तब मुझे जाने दीजिए।"

माधवदास, "चिड़िया, तू निरी अनजान है। मुझे खुश करेगी तो तुझे मालामाल कर सकता हूँ।"

चिड़िया, "तुम सेठ हो। मैं नहीं जानती, सेठ क्या होता है। पर सेठ कोई बड़ी बात होती होगी। मैं अनसमझ ठहरी। माँ मुझे बहुत प्यार करती है। वह मेरी राह देखती होगी। मैं मालामाल होकर क्या होऊँगी, मैं नहीं जानती।

मालामाल किसे कहते हैं? क्या मुझे वह तुम्हारा मालामाल होना चाहिए?"

सेठ, "अरी चिड़िया तुझे बुद्धि नहीं है। तू सोना नहीं जानती, सोना? उसी की जगत को तृष्णा है। वह सोना मेरे पास ढेर का ढेर है। तेरा घर समूचा सोने का होगा। ऐसा पिंजरा बनवाऊँगा कि कहीं दुनिया में न होगा, ऐसा कि तू देखती रह जाए। तू उसके भीतर थिरक-फुदककर मुझे खुश करियो। तेरा भाग्य खुल जाएगा। तेरे पानी पीने की कटोरी भी सोने की होगी।"

चिड़िया, "वह सोना क्या चीज होती है?"

सेठ, "तू क्या जानेगी, तू चिड़िया जो है। सोने का मूल्य सीखने के लिए तुझे बहुत सीखना है। बस, यह जान ले कि सेठ माधवदास तुझसे बात कर रहा है। जिससे मैं बात तक कर लेता हूँ उसकी किस्मत खुल जाती है। तू अभी जग का हाल नहीं जानती। मेरी कोठियों पर कोठियाँ

हैं, बगीचों पर बगीचे हैं। दास-दासियों की संख्या नहीं है। पर तुझसे मेरा चित्त प्रसन्न हुआ है। ऐसा वरदान कब किसी को मिलता है? री चिड़िया! तू इस बात को समझती क्यों नहीं?"

चिड़िया, "सेठ, मैं नादान हूँ। मैं कुछ समझती नहीं। पर, मुझे देर हो रही है। माँ मेरी बाट देखती होगी।"

सेठ, "ठहर-ठहर, इस अपने पास के फूल को तूने देखा? यह एक है। ऐसे अनगिनती फूल हैं। ऐसे अनगिनती फूल मेरे बगीचों में हैं। वे भाँति-भाँति के रंग के हैं। तरह-तरह की उनकी खुशबू हैं। चिड़िया, तैंने मेरा चित्त प्रसन्न किया है और वे सब फूल तेरे लिए खिला करेंगे। वहाँ घोंसले में तेरी माँ है, पर माँ क्या है? इस बहार के सामने तेरी माँ क्या है? वहाँ तेरे घोंसले में कुछ भी तो नहीं है। तू अपने को नहीं देखती? कैसी सुंदर तेरी गरदन। कैसी रंगीन देह! तू अपने मूल्य को क्यों नहीं देखती? मैं तुझे सोने से मढ़कर तेरे मूल्य को चमका दूँगा। तैंने मेरे चित्त को प्रसन्न किया है। तू मत जा, यहीं रह।"

चिड़िया, "सेठ, मैं अपने को नहीं जानती। इतना जानती हूँ कि माँ मेरी माँ है और मुझे यहाँ देर हो रही है। सेठ, मुझे रात मत करो, रात में अँधेरा बहुत हो जाता है और मैं राह भूल जाऊँगी।"

सेठ ने कहा, "अच्छा, चिड़िया जाती हो तो जाओ। पर, इस बगीचे को अपना ही समझो। तुम बड़ी सुंदर हो।"

यह कहने के साथ ही सेठ ने एक बटन दबा दिया। उसके दबने से दूर कोठी के अंदर आवाज हुई जिसे सुनकर एक दास झटपट भागकर बाहर आया। यह सब छनभर में हो गया और चिड़िया कुछ भी नहीं समझी।

सेठ कहते रहे, "तुम अभी माँ के पास जाओ। माँ बाट देखती होगी। पर, कल आओगी न? कल आना, परसों आना, रोज आना।"

यह कहते-कहते दास को सेठ ने इशारा कर दिया और वह चिड़िया को पकड़ने के जतन में चला।

सेठ कहते रहे, "सच तुम बड़ी सुंदर लगती हो! तुम्हारे भाई-बहन हैं? कितने भाई-बहन हैं?"

चिड़िया, "दो बहन, एक भाई। पर मुझे देर हो रही है।" "हाँ हाँ जाना। अभी तो उजेला है। दो बहन, एक भाई है? बड़ी अच्छी बात है।" पर चिड़िया के मन के भीतर जाने क्यों चैन नहीं था। वह चौकन्नी हो-हो चारों ओर देखती थी। उसने कहा, "सेठ मुझे देर हो रही है।"

सेठ ने कहा, "देर अभी कहा"? अभी उजेला है, मेरी प्यारी चिड़िया! तुम अपने घर का इतने और हाल सुनाओ। भय मत करो।"

चिड़िया ने कहा, "सेठ मुझे डर लगता है। माँ मेरी दूर है। रात हो जाएगी तो राह नहीं सूझेगी।" इतने में चिड़िया को बोध हुआ कि जैसे एक कठोर स्पर्श उसके देह को छू गया। वह चीख देकर चिचियाई और एकदम उड़ी। नौकर के फैले हुए पंजे में वह आकर भी नहीं आ सकी। तब वह उड़ती हुई एक साँस में माँ के पास गई और माँ की गोद में गिरकर सुबकने लगी, "ओ माँ, ओ माँ!"

माँ ने बच्ची को छाती से चिपटाकर पूछा, "क्या है मेरी बच्ची, क्या है?" पर, बच्ची काँप-काँपकर माँ की छाती से और चिपक गई, बोली कुछ नहीं, बस सुबकती रही, "ओ माँ, ओ माँ!"

बड़ी देर में उसे ढाढ़स बँधा और तब वह पलक मींच उस छाती में ही चिपककर सोई। जैसे अब पलक न खोलेगी।

—जैनेंद्र कुमार

विषय: हिंदी (कहानी) **कक्षा:** VIIth

उपविषय: 'चिड़िया की बच्ची' **समयावधि:** 35-40 मिनट

दिनांक: ....

(1) सामान्य उद्देश्य (General Objective)

- छात्रों के विभिन्न विषयों के ज्ञान की वृद्धि करना।
- छात्रों की विचार एवं तर्कशक्ति का विकास करना।
- छात्रों की रचनात्मक वृत्ति को जागृत करना।
- छात्रों में अस्त-व्यक्त विचारों को एक व्यवस्था देने और उनमें क्रमबद्ध रूप से सोचने की क्षमता विकसित करना।
- छात्रों को शुद्ध, बोधगम्य, ललित एवं प्रभावोत्पादक भाषा में भाव अभिव्यक्त करने के योग्य बनाना और उनकी रचनात्मक प्रवृत्ति का विकास करना।

(2) विशिष्ट उद्देश्य (Specific Objective)

छात्रों को कहानी 'चिड़िया की बच्ची' से अवगत कराना तथा कहानी पर आधारित प्रश्नों के उत्तर देने योग्य बनाना।

(3) पूर्व ज्ञान (Previous Knowledge)

छात्र 'चिड़िया' के बारे में साधारण जानकारी रखते हैं।

(4) सहायक सामग्री (Teaching Aids)

श्यामपट्ट, चॉक, डस्टर इत्यादि।

(5) प्रस्तुतीकरण (Presentation)

पाठ्य वस्तु एवं शिक्षण बिंदु	शिक्षक क्रियाएँ	छात्र क्रियाएँ
"माधवदास ने अपनी.... ......आवाज निकाल रही थी।"	शिक्षक उचित आरोह एवं अवरोह तथा उच्चारण के साथ आदर्श वाचन करता है।	छात्र ध्यानपूर्वक सुनते हैं।

पाठ्य वस्तु एवं शिक्षण बिंदु	शिक्षक क्रियाएँ	छात्र क्रियाएँ
	कठिन शब्दोच्चारण: सुहावना अभिरुचि चबूतरा फर्शी छन–छन कर	छात्र स्पष्ट एवं शुद्ध उच्चारण का अभ्यास करेंगे।
	शब्दार्थ व्याख्या:	
	अभिरुचि–माधवदास सुंदर अभिरुचि के आदमी हैं।	किसी वस्तु में रुचि का रखना।
	संध्या–माधवदास संध्या के समय प्रकृति की सुंदरता का आनंद लेते हैं।	शाम का समय।
	विचित्र–चिड़िया के शरीर पर विचित्र प्रकार की चित्रकारी थी।	एक अलग प्रकार का।
	फुदकना–चिड़िया इस डाल से उस डाल पर फुदक रही थी।	यहाँ वहाँ कूदना/घूमना।
	विलोम शब्द: शाम–सुबह तृप्त–अतृप्त प्रकाश–अंधकार सुंदर–भद्दा	छात्र अपनी पुस्तिका में उतारते हैं।
"माधवदास को वह...... ....पलक न खोलेगी।"	शिक्षक उचित आरोह एवं अवरोह तथा उच्चारण के साथ कहानी का आदर्श वाचन करेगा।	छात्र ध्यानपूर्वक सुनते हैं।
	कठिन शब्दोच्चारण: स्वच्छंदता थिरकना बेखटके प्रफुल्लित महामान्य मालामाल	छात्र स्पष्ट एवं शुद्ध उच्चारण का अभ्यास करेंगे।

पाठ्य वस्तु एवं शिक्षण बिंदु	शिक्षक क्रियाएँ	छात्र क्रियाएँ
	अनगिनत चिचियाना सुबकना चिपटाकर **शब्दार्थ व्याख्या:**	
	मनमाना–माधवदास को चिड़िया मनमानी लगी।	अपने मन का करना।
	एकाएक–चिड़िया एकाएक घबराई।	अचानक।
	प्रफुल्लित–चिड़िया को देखकर माधवदास प्रफुल्लित हो गया।	खुश होना।
	तृष्णा–सभी लोगों को सोने की तृष्णा है।	चाह होना।
	भाँति-भाँति–माधवदास के बगीचे में भाँति-भाँति के फूल हैं।	तरह-तरह के।
निरीक्षण कार्य	शिक्षक छात्रों से शब्द-अर्थ उतारने को कहेगा तथा लिखित कार्य का निरीक्षण करेगा।	छात्र शब्द-अर्थ उतारते हैं।
मूल्यांकन प्रश्न	**प्रश्न**–किन बातों से ज्ञात होता है कि माधवदास का जीवन संपन्नता से भरा था? **प्रश्न**–माधवदास क्यों बार-बार चिड़िया से कहता है कि यह बगीचा तुम्हारा ही है? क्या माधवदास नि:स्वार्थ मन से ऐसा कह रहा था? स्पष्ट कीजिए। **प्रश्न**–कहानी के अंत में नन्ही चिड़िया का सेठ के नौकर के पंजे से भाग निकलने की बात जानकर तुम्हें कैसा लगा? **प्रश्न**–'माँ मेरी बाट देखती होगी'-नन्ही चिड़िया बार-बार इसी बात को कहती है। आप अपने अनुभव के आधार पर बताइए कि हमारी जिंदगी में माँ का क्या महत्त्व है?	छात्र उत्तर देते हैं।

(6) पुनरावृत्ति (Recapitulation)

माधवदास के बार-बार समझाने पर भी चिड़िया सोने के पिंजरे और सुख-सुविधाओं को कोई महत्त्व नहीं दे रही थी। दूसरी तरफ माधवदास की नजर में चिड़िया की जिद का कोई तुक न था। माधवदास और चिड़िया के मनोभावों के अंतर क्या-क्या थे? अपने शब्दों में लिखिए।

(7) गृह-कार्य (Home-Work)

आपने गौर किया होगा कि मनुष्य, पशु, पक्षी - इन तीनों में ही माँएँ अपने बच्चों का पूरा-पूरा ध्यान रखती हैं। प्रकृति की इस अद्‌भुत देन का अवलोकन कर अपने शब्दों में लिखिए।

पाठ योजना 3

(Lesson Plan 3)

'लाख की चूड़ियाँ'

सारे गाँव में बदलू मुझे सबसे अच्छा आदमी लगता था क्योंकि वह मुझे सुंदर-सुंदर लाख की गोलियाँ बनाकर देता था। मुझे अपने मामा के गाँव जाने का सबसे बड़ा चाव यही था कि जब मैं वहाँ से लौटता था तो मेरे पास ढेर सारी गोलियाँ होतीं, रंग-बिरंगी गोलियाँ जो किसी भी बच्चे का मन मोह लें।

वैसे तो मेरे मामा के गाँव का होने के कारण मुझे बदलू को 'बदलू मामा' कहना चाहिए था परंतु मैं उसे 'बदलू मामा' न कहकर बदलू काका कहा करता था जैसा कि गाँव के सभी बच्चे उसे कहा करते थे। बदलू का मकान कुछ ऊँचे पर बना था। मकान के सामने बड़ा-सा सहन था जिसमें एक पुराना नीम का वृक्ष लगा था। उसी के नीचे बैठकर बदलू अपना काम किया करता था। बगल में भट्ठी दहकती रहती जिसमें वह लाख पिघलाया करता। सामने एक लकड़ी की चौखट पड़ी रहती जिस पर लाख के मुलायम होने पर वह उसे सलाख के समान पतला करके चूड़ी का आकार देता। पास में चार-छह विभिन्न आकार की बेलननुमा मुँगेरियाँ रखी रहतीं जो आगे से कुछ पतली और पीछे से मोटी होतीं। लाख की चूड़ी का आकार देकर वह उन्हें मुँगेरियों पर चढ़ाकर गोल और चिकना बनाता और तब एक-एक कर पूरे हाथ की चूड़ियाँ बना चुकने के पश्चात् वह उन पर रंग करता।

बदलू यह कार्य सदा ही एक मचिए पर बैठकर किया करता था जो बहुत ही पुरानी थी। बगल में ही उसका हुक्का रखा रहता जिसे वह बीच-बीच में पीता रहता। गाँव में मेरा दोपहर का समय अधिकतर बदलू के पास बीतता। वह मुझे 'लला' कहा करता और मेरे पहुँचते ही मेरे लिए तुरंत एक मचिया मँगा देता। मैं घंटों बैठे-बैठे उसे इस प्रकार चूड़ियाँ बनाते देखता रहता। लगभग रोज ही वह चार-छह जोड़े चूड़ियाँ बनाता। पूरा जोड़ा बना लेने पर वह उसे बेलन पर चढ़ाकर कुछ क्षण चुपचाप देखता रहता मानो वह बेलन न होकर किसी नव-वधू की कलाई हो।

बदलू मनिहार था। चूड़ियाँ बनाना उसका पैतृक पेशा था और वास्तव में वह बहुत ही सुंदर चूड़ियाँ बनाता था। उसकी बनाई हुई चूड़ियों की खपत भी बहुत थी। उस गाँव में तो सभी स्त्रियाँ उसकी बनाई हुई चूड़ियाँ पहनती ही थीं आस-पास के गाँवों के लोग भी उससे चूड़ियाँ ले जाते थे। परंतु वह कभी भी चूड़ियों को पैसों से बेचता न था। उसका अभी तक वस्तु-विनिमय का तरीका था और लोग अनाज के बदले उससे चूड़ियाँ ले जाते थे। बदलू स्वभाव से बहुत सीधा था। मैंने कभी भी उसे किसी से झगड़ते नहीं देखा। हाँ, शादी-विवाह के अवसरों पर वह अवश्य जिद पकड़ जाता था। जीवन भर चाहे कोई उससे मुफ्त चूड़ियाँ ले जाए परंतु विवाह के अवसर पर वह सारी कसर निकाल लेता था। आखिर सुहाग के जोड़े का महत्त्व ही और होता है। मुझे याद है, मेरे मामा के यहाँ किसी लड़की के विवाह पर जरा-सी किसी बात पर बिगड़ गया था और फिर उसको मनाने में लोहे लग गए थे। विवाह में इसी जोड़े का मूल्य इतना बढ़ जाता था कि उसके लिए उसकी

घरवाली को सारे वस्त्र मिलते, ढेरों अनाज मिलता, उसको अपने लिए पगड़ी मिलती और रुपए जो मिलते सो अलग।

यदि संसार में बदलू को किसी बात से चिढ़ थी तो वह थी काँच की चूड़ियों से। यदि किसी भी स्त्री के हाथों में उसे काँच की चूड़ियाँ दिख जातीं तो वह अंदर-ही-अंदर कुढ़ उठता और कभी-कभी तो दो-चार बातें भी सुना देता। मुझसे तो वह घंटों बातें किया करता। कभी मेरी पढ़ाई के बारे में पूछता, कभी मेरे घर के बारे में और कभी यों ही शहर के जीवन के बारे में। मैं उससे कहता कि शहर में सब काँच की चूड़ियाँ पहनते हैं तो वह उत्तर देता, "शहर की बात और है, लला! वहाँ तो सभी कुछ होता है। वहाँ तो औरतें अपने मरद का हाथ पकड़कर सड़कों पर घूमती भी हैं और फिर उनकी कलाइयाँ नाजुक होती हैं न! लाख की चूड़ियाँ पहनें तो मोच न आ जाए।"

कभी-कभी बदलू मेरी अच्छी खासी खातिर भी करता। जिन दिनों उसकी गाय के दूध होता वह सदा मेरे लिए मलाई बचाकर रखता और आम की फसल में तो मैं रोज ही उसके यहाँ से दो-चार आम खा आता। परंतु इन सब बातों के अतिरिक्त जिस कारण वह मुझे अच्छा लगता वह यह था कि लगभग रोज ही वह मेरे लिए एक-दो गोलियाँ बना देता।

मैं बहुधा हर गर्मी की छुट्टी में अपने मामा के यहाँ चला जाता और एक-आध महीने वहाँ रहकर स्कूल खुलने के समय तक वापस आ जाता। परंतु दो-तीन बार ही मैं अपने मामा के यहाँ गया होऊँगा तभी मेरे पिता की एक दूर के शहर में बदली हो गई और एक लंबी अवधि तक मैं अपने मामा के गाँव न जा सका। तब लगभग आठ-दस वर्षों के बाद जब मैं वहाँ गया तो इतना बड़ा हो चुका था कि लाख की गोलियों में मेरी रुचि नहीं रह गई थी। अत: गाँव में होते हुए भी कई दिनों तक मुझे बदलू का ध्यान न आया। इस बीच मैंने देखा कि गाँव में लगभग सभी स्त्रियाँ काँच की चूड़ियाँ पहने हैं। विरले ही हाथों में मैंने लाख की चूड़ियाँ देखीं। तब एक दिन सहसा मुझे बदलू का ध्यान हो आया। बात यह हुई कि बरसात में मेरे मामा की छोटी लड़की आँगन में फिसलकर गिर पड़ी और उसके हाथ की काँच की चूड़ी टूटकर उसकी कलाई में घुस गई और उससे खून बहने लगा। मेरे मामा उस समय घर पर न थे। मुझे ही उसकी मरहम-पट्टी करनी पड़ी। तभी सहसा मुझे बदलू का ध्यान हो आया और मैंने सोचा कि उससे मिल आऊँ। अत: शाम को मैं घूमते-घूमते उसके घर चला गया। बदलू वहीं चबूतरे पर नीम के नीचे एक खाट पर लेटा था।

नमस्ते बदलू काका! मैंने कहा।

नमस्ते भैया उसने मेरी नमस्ते का उत्तर दिया और उठकर खाट पर बैठ गया। परंतु उसने मुझे पहचाना नहीं और देर तक मेरी ओर निहारता रहा।

मैं हूँ जनार्दन, काका! आपके पास से गोलियाँ बनवाकर ले जाता था। मैंने अपना परिचय दिया।

बदलू फिर भी चुप रहा। मानो वह अपने स्मृति पटल पर अतीत के चित्र उतार रहा हो और तब वह एकदम बोल पड़ा, आओ-आओ, लला बैठो! बहुत दिन बाद गाँव आए।

हाँ, इधर आना नहीं हो सका, काका! मैंने चारपाई पर बैठते हुए उत्तर दिया। कुछ देर फिर शांति रही। मैंने इधर-इधर दृष्टि दौड़ाई। न तो मुझे उसकी मचिया ही नजर आई, न ही भट्ठी। आजकल काम नहीं करते काका? मैंने पूछा।

नहीं लला, काम तो कई साल से बंद है। मेरी बनाई हुई चूड़ियाँ कोई पूछे तब तो। गाँव-गाँव में काँच का प्रचार हो गया है। वह कुछ देर चुप रहा, फिर बोला, मशीन युग है न यह, लला! आजकल सब काम मशीन से होता है। खेत भी मशीन से जोते जाते हैं और फिर जो सुंदरता काँच की चूड़ियों में होती है, लाख में कहाँ संभव है?

लेकिन काँच बड़ा खतरनाक होता है। बड़ी जल्दी टूट जाता है। मैंने कहाँ नाजुक तो फिर होता ही है लला! कहते-कहते उसे खाँसी आ गई और वह देर तक खाँसता रहा।

मुझे लगा उसे दमा है। अवस्था के साथ-साथ उसका शरीर ढल चुका था। उसके हाथों पर और माथे पर नसें उभर आई थीं।

जाने कैसे उसने मेरी शंका भाँप ली और बोला, "दमा नहीं है मुझे। फसली खाँसी है। यही महीने-दो-महीने से आ रही है। दस-पंद्रह दिन में ठीक हो जाएगी।"

मैं चुप रहा। मुझे लगा उसके अंदर कोई बहुत बड़ी व्यथा छिपी है। मैं देर तक सोचता रहा कि इस मशीन युग ने कितने हाथ काट दिए हैं। कुछ देर फिर शांति रही जो मुझे अच्छी नहीं लगी।

आम की फसल अब कैसी है, काका? कुछ देर पश्चात् मैंने बात का विषय बदलते हुए पूछा।

'अच्छी है लला, बहुत अच्छी है, उसने लहककर उत्तर दिया और अंदर अपनी बेटी को आवाज दी, अरी रज्जो, लला के लिए आम तो ले आ। फिर मेरी ओर मुखातिब होकर बोला, माफ करना लला, तुम्हें आम खिलाना भूल गया था।

नहीं, नहीं काका आम तो इस साल बहुत खाए हैं।

वाह-वाह, बिना आम खिलाए कैसे जाने दूँगा तुमको?

मैं चुप हो गया। मुझे वे दिन याद हो आए जब वह मेरे लिए मलाई बचाकर रखता था।

गाय तो अच्छी है न काका? मैंने पूछा।

गाय कहाँ है, लला! दो साल हुए बेच दी। कहाँ से खिलाता?

इतने में रज्जो, उसकी बेटी, अंदर से एक डलिया में ढेर से आम ले आई। यह तो बहुत हैं काका! इतने कहाँ खा पाऊँगा? मैंने कहा।

वाह-वाह! वह हँस पड़ा, शहरी ठहरे न! मैं तुम्हारी उम्र का था तो इसके चौगुने आम एक बखत में खा जाता था।

आप लोगों की बात और है। मैंने उत्तर दिया।

अच्छा, बेटी, लला को चार-पाँच आम छाँटकर दो। सिंदूरी वाले देना। देखो लला कैसे हैं? इसी साल यह पेड़ तैयार हुआ है।

रज्जो ने चार-पाँच आम अंजुली में लेकर मेरी ओर बढ़ा दिए। आम लेने के लिए मैंने हाथ बढ़ाया तो मेरी निगाह एक क्षण के लिए उसके हाथों पर ठिठक गई। गोरी-गोरी कलाइयों पर लाख की चूड़ियाँ बहुत ही फब रही थीं।

बदलू ने मेरी दृष्टि देख ली और बोल पड़ा, यही आखिरी जोड़ा बनाया था जमींदार साहब की बेटी के विवाह पर। दस आने पैसे मुझको दे रहे थे। मैंने जोड़ा नहीं दिया। कहा, शहर से ले आओ।

मैंने आम ले लिए और खाकर थोड़ी देर पश्चात् चला आया। मुझे प्रसन्नता हुई कि बदलू ने हारकर भी हार नहीं मानी थी। उसका व्यक्तित्व काँच की चूड़ियों जैसा न था कि आसानी से टूट जाए।

—कामतानाथ

विषय: हिंदी (कहानी)	**कक्षा:** VIIIth
उपविषय: 'लाख की चूड़ियाँ'	**समयावधि:** 35–40 मिनट
	दिनांक: ....

(1) सामान्य उद्देश्य (General Objective)

- छात्रों के विभिन्न विषयों के ज्ञान की वृद्धि करना।
- छात्रों की विचार एवं तर्कशक्ति का विकास करना।
- छात्रों की रचनात्मक वृत्ति को जागृत करना।
- छात्रों में अस्त-व्यक्त विचारों को एक व्यवस्था देने और उनमें क्रमबद्ध रूप से सोचने की क्षमता विकसित करना।
- छात्रों को शुद्ध, बोधगम्य, ललित एवं प्रभावोत्पादक भाषा में भाव अभिव्यक्त करने के योग्य बनाना और उनकी रचनात्मक प्रवृत्ति का विकास करना।

(2) विशिष्ट उद्देश्य (Specific Objective)

छात्रों को कहानी 'लाख की चूड़ियाँ' से अवगत कराना तथा कहानी पर आधारित प्रश्नों का उत्तर देने में समर्थ बनाना।

(3) पूर्व ज्ञान (Previous Knowledge)

छात्रों को चूड़ियों की सामान्य जानकारी है।

(4) सहायक सामग्री (Teaching Aids)

श्यामपट्ट, चॉक, डस्टर इत्यादि।

(5) प्रस्तुतीकरण (Presentation)

पाठ्य वस्तु एवं शिक्षण बिंदु	शिक्षक क्रियाएँ	छात्र क्रियाएँ
"सारे गाँव में बदलू ....मिलते सो अलग।"	अध्यापक उचित आरोह, अवरोह एवं उच्चारण के साथ आदर्श वाचन करेगा।	छात्र ध्यानपूर्वक सुनते हैं।

पाठ्य वस्तु एवं शिक्षण बिंदु	शिक्षक क्रियाएँ	छात्र क्रियाएँ
	कठिन शब्दोच्चारण: बेलननुमा मुँगेरियाँ चूड़ियाँ नव-वधू पैतृक	छात्र स्पष्ट एवं शुद्ध उच्चारण का अभ्यास करेंगे।
	शब्दार्थ व्याख्या:	
	पैतृक–बदलू का पैतृक पेशा चूड़ियाँ बनाना था।	पिता का या पुश्तैनी।
	वस्तु-विनिमय–बदलू चूड़ियाँ पैसे से बेचता नहीं था वह वस्तु-विनिमय करता था।	वस्तु के बदले वस्तु।
	विलोम शब्द: सुंदर-खराब मुलायम-कठोर	
"यदि संसार.............. आसानी से टूट जाए।"	पुनः शिक्षक उचित आरोह, अवरोह एवं उच्चारण के साथ आदर्श वाचन करता है।	छात्र ध्यानपूर्वक सुनते हैं।
	कठिन शब्दोच्चारण: कलाइयाँ नाजुक जनार्दन अंजुली व्यक्तित्व	
	शब्दार्थ व्याख्या:	
	बहुधा–मैं बहुधा गर्मी की छुट्टियों में अपने मामा जी के गाँव जाया करता हूँ।	ज्यादातर।
	अवधि–एक लंबी अवधि तक मैं मामा जी के गाँव न जा सका।	समय।
	मुखातिब–फिर वह मेरी तरफ मुखातिब हुए।	देखकर बात करना।

पाठ्य वस्तु एवं शिक्षण बिंदु	शिक्षक क्रियाएँ	छात्र क्रियाएँ
	फबना—गोरी-गोरी कलाइयों पर लाख की चूड़ियाँ बहुत ही फब रही थी।	सजना, शोभा देना।
निरीक्षण कार्य	शिक्षक छात्रों को शब्द-अर्थ उतारने को कहेगा तथा लिखित कार्य का निरीक्षण करेगा।	छात्र अपनी पुस्तिका में उतारते हैं।
मूल्यांकन प्रश्न	**प्रश्न**—बचपन में लेखक अपने मामा के गाँव चाव से क्यों जाता था और बदलू को 'बदलू मामा' न कहकर 'बदलू काका' क्यों कहता था? **प्रश्न**—विनिमय क्या है? **प्रश्न**—बदलू के मन में ऐसी कौन-सी व्यथा थी जो लेखक से छिपी न रह सकी। **प्रश्न**—घर में मेहमान के आने पर आप उसका अतिथि-सत्कार कैसे करेंगे?	छात्र उत्तर देते हैं।

(6) पुनरावृत्ति (Recapitulation)

मशीनी युग से बदलू के जीवन में क्या बदलाव आया?

(7) गृह-कार्य (Home-Work)

- लाख की वस्तुओं का निर्माण भारत के किन-किन राज्यों में होता है? लाख से चूड़ियों के अतिरिक्त क्या-क्या चीजें बनती हैं? ज्ञात कीजिए।
- आपको छुट्टियों में किसके घर जाना सबसे अच्छा लगता है? वहाँ की दिनचर्या अलग कैसे होती है? लिखिए।
- मशीनी युग में अनेक परिवर्तन आए दिन होते रहते हैं। आप अपने आस-पास से इस प्रकार के किसी परिवर्तन का उदाहरण चुनिए और उसके बारे में लिखिए।
- हमारे खान-पान, रहन-सहन और कपड़ों में भी बदलाव आ रहा है। इस बदलाव के पक्ष-विपक्ष में बातचीत कीजिए और बातचीत के आधार पर लेख तैयार कीजिए।

पाठ योजना 4

(Lesson Plan 4)

'एक कुत्ता और एक मैना'

आज से कई वर्ष पहले गुरुदेव के मन में आया कि शांतिनिकेतन को छोड़कर कहीं अन्यत्र जाएँ। स्वास्थ्य बहुत अच्छा नहीं था। शायद इसलिए, या पता नहीं क्यों, तै पाया कि वे श्रीनिकेतन के पुराने तिमंजिले मकान में कुछ दिन रहें। शायद मौज में आकर ही उन्होंने यह निर्णय किया हो। वे सबसे ऊपर के तल्ले में रहने लगे। उन दिनों ऊपर तक पहुँचने के लिए लोहे की चक्करदार सीढ़ियाँ थीं और वृद्ध और क्षीणवपु रवींद्रनाथ के लिए उस पर चढ़ सकना असंभव था। फिर भी बड़ी कठिनाई से उन्हें वहाँ ले जाया जा सका।

उन दिनों छुट्टियाँ थीं। आश्रम के अधिकांश लोग बाहर चले गए थे। एक दिन हमने सपरिवार उनके 'दर्शन' की ठानी। 'दर्शन' को मैं जो यहाँ विशेष रूप से दर्शनीय बनाकर लिख रहा हूँ, उसका कारण यह है कि गुरुदेव के पास जब कभी मैं जाता था तो प्राय: वे यह कहकर मुसकरा देते थे कि 'दर्शनार्थी हैं क्या?' शुरू-शुरू में मैं उनसे ऐसी बाँग्ला में बात करता था, जो वस्तुत: हिंदी-मुहावरों का अनुवाद हुआ करती थी। किसी बाहर के अतिथि को जब मैं उनके पास ले जाता था तो कहा करता था, 'एक भद्र लोक आपनार दर्शनेर जन्य ऐसे छेन।' यह बात हिंदी में जितनी प्रचलित है, उतनी बाँग्ला में नहीं। इसलिए गुरुदेव जरा मुसकरा देते थे। बाद में मुझे मालूम हुआ कि मेरी यह भाषा बहुत अधिक पुस्तकीय है और गुरुदेव ने उस 'दर्शन' शब्द को पकड़ लिया था। इसलिए जब कभी मैं असमय में पहुँच जाता था तो वे हँसकर पूछते थे 'दर्शनार्थी लेकर आए हो क्या?' यहाँ यह दुख के साथ कह देना चाहता हूँ कि अपने देश के दर्शनार्थियों में कितने ही इतने प्रगल्भ होते थे कि समय-असमय, स्थान-अस्थान, अवस्था-अनवस्था की एकदम परवा नहीं करते थे और रोकते रहने पर भी आ ही जाते थे। ऐसे 'दर्शनार्थियों' से गुरुदेव कुछ भीत-भीत से रहते थे। अस्तु, मैं मय बाल-बच्चों के एक दिन श्रीनिकेतन जा पहुँचा। कई दिनों से उन्हें देखा नहीं था।

गुरुदेव वहाँ बड़े आनंद में थे। अकेले रहते थे। भीड़-भाड़ उतनी नहीं होती थी, जितनी शांतिनिकेतन में। जब हम लोग ऊपर गए तो गुरुदेव बाहर एक कुर्सी पर चुपचाप बैठे अस्तगामी सूर्य की ओर ध्यान-स्तिमित नयनों से देख रहे थे। हम लोगों को देखकर मुसकराए, बच्चों से जरा छेड़-छाड़ की, कुशल-प्रश्न पूछे और फिर चुप हो गए। ठीक उसी समय उनका कुत्ता धीरे-धीरे ऊपर आया और उनके पैरों के पास खड़ा होकर पूँछ हिलाने लगा। गुरुदेव ने उसकी पीठ पर हाथ फेरा। वह आँखें मूँदकर अपने रोम-रोम से उस स्नेह-रस का अनुभव करने लगा। गुरुदेव ने हम लोगों की ओर देखकर कहा, "देखा तुमने, यह आ गए। कैसे इन्हें मालूम हुआ कि मैं यहाँ हूँ, आश्चर्य है! और देखो, कितनी परितृप्ति इनके चेहरे पर दिखाई दे रही है।"

हम लोग उस कुत्ते के आनंद को देखने लगे। किसी ने उसे राह नहीं दिखाई थी, न उसे यह बताया था कि उसके स्नेह-दाता यहाँ से दो मील दूर हैं और फिर भी वह पहुँच गया। इसी कुत्ते को लक्ष्य करके उन्होंने 'आरोग्य' में इस भाव की एक कविता लिखी थी – 'प्रतिदिन प्रात:काल यह भक्त कुत्ता स्तब्ध होकर आसन के पास तब तक बैठा रहता है, जब तक अपने हाथों के स्पर्श से मैं इसका संग नहीं स्वीकार करता। इतनी-सी स्वीकृति पाकर ही उसके अंग-अंग में आनंद

का प्रवाह बह उठता है। इस वाक्यहीन प्राणिलोक में सिर्फ यही एक जीव अच्छा-बुरा सबको भेदकर संपूर्ण मनुष्य को देख सका है, उस आनंद को देख सका है, जिसे प्राण दिया जा सकता है, जिसमें अहैतुक प्रेम ढाल दिया जा सकता है, जिसकी चेतना असीम चैतन्य लोक में राह दिखा सकती है। जब मैं इस मूक हृदय का प्राणपण आत्मनिवेदन देखता हूँ, जिसमें वह अपनी दीनता बताता रहता है, तब मैं यह सोच ही नहीं पाता कि उसने अपने सहज बोध से मानव स्वरूप में कौन सा मूल्य आविष्कार किया है, इसकी भाषाहीन दृष्टि की करुण व्याकुलता जो कुछ समझती है, उसे समझा नहीं पाती और मुझे इस सृष्टि में मनुष्य का सच्चा परिचय समझा देती है।' इस प्रकार कवि की मर्मभेदी दृष्टि ने इस भाषाहीन प्राणी की करुण दृष्टि के भीतर उस विशाल मानव-सत्य को देखा है, जो मनुष्य, मनुष्य के अंदर भी नहीं देख पाता।

मैं जब यह कविता पढ़ता हूँ तब मेरे सामने श्रीनिकेतन के तितल्ले पर की वह घटना प्रत्यक्ष-सी हो जाती है। वह आँख मूँदकर अपरिसीम आनंद, वह 'मूक हृदय का प्राणपण आत्मनिवेदन' मूर्तिमान हो जाता है। उस दिन मेरे लिए वह एक छोटी-सी घटना थी, आज वह विश्व की अनेक महिमाशाली घटनाओं की श्रेणी में बैठ गई है। एक आश्चर्य की बात और इस प्रसंग में उल्लेख की जा सकती है। जब गुरुदेव का चिताभस्म कलकत्ते (कोलकाता) से आश्रम में लाया गया, उस समय भी न जाने किस सहज बोध के बल पर वह कुत्ता आश्रम के द्वार तक आया और चिताभस्म के साथ अन्यान्य आश्रमवासियों के साथ शांत गंभीर भाव से उत्तरायण तक गया। आचार्य क्षितिमोहन सेन सबके आगे थे। उन्होंने मुझे बताया कि वह चिताभस्म के कलश के पास थोड़ी देर चुपचाप बैठा भी रहा।

कुछ और पहले की घटना याद आ रही है। उन दिनों शांतिनिकेतन में नया ही आया था। गुरुदेव से अभी उतना धृष्ट नहीं हो पाया था। गुरुदेव उन दिनों सुबह अपने बगीचे में टहलने के लिए निकला करते थे। मैं एक दिन उनके साथ हो गया था। मेरे साथ एक और पुराने अध्यापक थे और सही बात तो यह है कि उन्होंने ही मुझे भी अपने साथ ले लिया था। गुरुदेव एक-एक फूल-पत्ते को ध्यान से देखते हुए अपने बगीचे में टहल रहे थे और उक्त अध्यापक महाशय से बातें करते जा रहे थे। मैं चुपचाप सुनता जा रहा था। गुरुदेव ने बातचीत के सिलसिले में एक बार कहा, "अच्छा साहब, आश्रम के कौए क्या हो गए? उनकी आवाज सुनाई ही नहीं देती?" न तो मेरे साथी उन अध्यापक महाशय को यह खबर थी और न मुझे ही। बाद में मैंने लक्ष्य किया कि सचमुच कई दिनों से आश्रम में कौए नहीं दिख रहे हैं। मैंने तब तक कौओं को सर्वव्यापक पक्षी ही समझ रखा था। अचानक उस दिन मालूम हुआ कि ये भले आदमी भी कभी-कभी प्रवास को चले जाते हैं या चले जाने को बाध्य होते हैं। एक लेखक ने कौओं की आधुनिक साहित्यिकों से उपमा दी है, क्योंकि इनका मोटो है 'मिसचिफ् फार मिसचिफ् सेक' (शरारत के लिए ही शरारत)। तो क्या कौओं का प्रवास भी किसी शरारत के उद्देश्य से ही था? प्राय: एक सप्ताह के बाद बहुत कौए दिखाई दिए।

एक दूसरी बार मैं सवेरे गुरुदेव के पास उपस्थित था। उस समय एक लँगड़ी मैना फुदक रही थी। गुरुदेव ने कहा, "देखते हो, यह यूथभ्रष्ट है। रोज फुदकती है, ठीक यहीं आकर। मुझे इसकी चाल में एक करुण-भाव दिखाई देता है।" गुरुदेव ने अगर कह न दिया होता तो मुझे उसका करुण-भाव एकदम नहीं दीखता। मेरा अनुमान था कि मैना करुण भाव दिखाने वाला पक्षी है ही नहीं। वह दूसरों पर अनुकंपा ही दिखाया करती है। तीन-चार वर्ष से मैं एक नए मकान में रहने लगा हूँ। मकान के निर्माताओं ने दीवारों में चारों ओर एक-एक सूराख छोड़ रखी है। यह कोई आधुनिक वैज्ञानिक खतरे का समाधान होगा। सो, एक मैना-दंपत्ति नियमित भाव से प्रतिवर्ष यहाँ

गृहस्थी जमाया करते हैं, तिनके और चीथड़ों का अंबार लगा देते हैं। भलेमानस गोबर के टुकड़े तक ले आना नहीं भूलते। हैरान होकर हम सूराखों में ईटें भर देते हैं, परंतु वे खाली बची जगह का भी उपयोग कर लेते हैं। पति-पत्नी जब कोई एक तिनका लेकर सूराख में रखते हैं तो उनके भाव देखने लायक होते हैं। पत्नी देवी का तो क्या कहना! एक तिनका ले आई तो फिर एक पैर पर खड़ी होकर जरा पंखों को फटकार दिया, चोंच को अपने ही परों से साफ कर लिया और नाना प्रकार की मधुर और विजयोद्घोषी वाणी में गान शुरू कर दिया। हम लोगों की तो उन्हें कोई परवा ही नहीं रहती। अचानक इसी समय अगर पति देवता भी कोई कागज का या गोबर का टुकड़ा लेकर उपस्थित हुए तब तो क्या कहना! दोनों के नाच-गान और आनंद-नृत्य से सारा मकान मुखरित हो उठता है। इसके बाद ही पत्नी देवी जरा हम लोगों की ओर मुखातिब होकर लापरवाही-भरी अदा से कुछ बोल देती हैं। पति देवता भी मानो मुसकराकर हमारी ओर देखते, कुछ रिमार्क करते और मुँह फेर लेते हैं। पक्षियों की भाषा तो मैं नहीं जानता; पर मेरा निश्चित विश्वास है कि उनमें कुछ इस तरह की बातें हो जाया करती हैं:

पत्नी-ये लोग यहाँ कैसे आ गए जी?

पति-उँह बेचारे आ गए हैं, तो रह जाने दो। क्या कर लेंगे!

पत्नी-लेकिन फिर भी इनको इतना तो ख्याल होना चाहिए कि यह हमारा प्राइवेट घर है।

पति-आदमी जो हैं, इतनी अकल कहा?

पत्नी-जाने भी दो।

पति-और क्या!

सो, इस प्रकार की मैना कभी करुण हो सकती है, यह मेरा विश्वास ही नहीं था। गुरुदेव की बात पर मैंने ध्यान से देखा तो मालूम हुआ कि सचमुच ही उसके मुख पर एक करुण भाव है। शायद यह विधुर पति था, जो पिछली स्वयंवर-सभा के युद्ध में आहत और परास्त हो गया था। या विधवा पत्नी है, जो पिछले बिड़ाल के आक्रमण के समय पति को खोकर युद्ध में ईषत् चोट खाकर एकांत विहार कर रही है। हाय, क्यों इसकी ऐसी दशा है! शायद इसी मैना को लक्ष्य करके गुरुदेव ने बाद में एक कविता लिखी थी, जिसके कुछ अंश का सार इस प्रकार है:

"उस मैना को क्या हो गया है, यही सोचता हूँ। क्यों वह दल से अलग होकर अकेली रहती है? पहले दिन देखा था सेमर के पेड़ के नीचे मेरे बगीचे में। जान पड़ा जैसे एक पैर से लँगड़ा रही हो। इसके बाद उसे रोज सवेरे देखता हूँ-संगीहीन होकर कीड़ों का शिकार करती फिरती है। चढ़ जाती है बरामदे में। नाच-नाचकर चहलकदमी किया करती है, मुझसे जरा भी नहीं डरती। क्यों है ऐसी दशा इसकी? समाज के किस दंड पर उसे निर्वासन मिला है, दल के किस अविचार पर उसने मान किया है? कुछ ही दूरी पर और मैनाएँ बक-झक कर रही हैं, घास पर उछल-कूद रही हैं, उड़ती फिरती हैं शिरीषवृक्ष की शाखाओं पर। इस बेचारी को ऐसा कुछ भी शौक नहीं है। इसके जीवन में कहाँ गाँठ पड़ी है, यही सोच रहा हूँ। सवेरे की धूप में मानो सहज मन से आहार चुगती हुई झड़े हुए पत्तों पर कूदती फिरती है सारा दिन। किसी के ऊपर इसका कुछ अभियोग है, यह बात बिलकुल नहीं जान पड़ती। इसकी चाल में वैराग्य का गर्व भी तो नहीं है, दो आग-सी जलती आँखें भी तो नहीं दिखतीं।" इत्यादि।

जब मैं इस कविता को पढ़ता हूँ तो उस मैना की करुण मूर्ति अत्यंत साफ होकर सामने आ जाती है। कैसे मैंने उसे देखकर भी नहीं देखा और किस प्रकार कवि की आँखें उस बिचारी के मर्मस्थल तक पहुँच गई, सोचता हूँ तो हैरान हो रहता हूँ। एक दिन वह मैना उड़ गई। सायंकाल

कवि ने उसे नहीं देखा। जब वह अकेले जाया करती है उस डाल के कोने में, जब झींगुर अंधकार में झनकारता रहता है, जब हवा में बाँस के पत्ते झरझराते रहते हैं, पेड़ों की फाँक से पुकारा करता है नींद तोड़ने वाला संध्यातारा! कितना करुण है उसका गायब हो जाना!

–हजारीप्रसाद द्विवेदी

विषयः हिंदी (गद्य)	**कक्षाः** IXth
उपविषयः 'एक कुत्ता और एक मैना'	**समयावधिः** 35-40 मिनट
	दिनांकः ....

(1) सामान्य उद्देश्य (General Objective)

- छात्रों के विभिन्न विषयों के ज्ञान की वृद्धि करना।
- छात्रों की विचार एवं तर्कशक्ति का विकास करना।
- छात्रों की रचनात्मक वृत्ति को जागृत करना।
- छात्रों में अस्त-व्यक्त विचारों को एक व्यवस्था देने और उनमें क्रमबद्ध रूप से सोचने की क्षमता विकसित करना।
- छात्रों को शुद्ध, बोधगम्य, ललित एवं प्रभावोत्पादक भाषा में भाव अभिव्यक्त करने के योग्य बनाना और उनकी रचनात्मक प्रवृत्ति का विकास करना।

(2) विशिष्ट उद्देश्य (Specific Objective)

छात्रों को अध्याय 'एक कुत्ता और एक मैना' से भली-भाँति अवगत कराना तथा अध्याय पर आधारित प्रश्नों का उत्तर देने में समर्थ करना।

(3) पूर्व ज्ञान (Previous Knowledge)

छात्र पशु-पक्षी तथा उनके प्रति मानवीय प्रेम से परिचित हैं।

(4) सहायक सामग्री (Teaching Aids)

श्यामपट्ट, चॉक, डस्टर इत्यादि।

(5) प्रस्तुतीकरण (Presentation)

पाठ्य वस्तु एवं शिक्षण बिंदु	शिक्षक क्रियाएँ	छात्र क्रियाएँ
"आज से ....भी नहीं देश पाता।"	शिक्षक उचित आरोह, अवरोह एवं उच्चारण के साथ आदर्श वाचन करेगा।	छात्र ध्यानपूर्वक सुनते हैं।

पाठ्य वस्तु एवं शिक्षण बिंदु	शिक्षक क्रियाएँ	छात्र क्रियाएँ
	कठिन शब्दोच्चारण: क्षीणवपु–दुबला-पतला, कमजोर प्रगल्भ–वाचाल, बोलने में संकोच न करने वाला। अस्तगामी–डूबता हुआ। परितृप्ति–पूरी तरह संतोष प्राप्त करना। वाक्यहीन–न बोल पाने वाला, बेजुबान।	
मूल्यांकन प्रश्न	**प्रश्न**–गुरुदेव ने शांतिनिकेतन को छोड़ कहीं और रहने का मन क्यों बनाया?	छात्र उत्तर देते हैं।
"मैं जब यह................ ....उसका गायब हो जाना।"	पुनः शिक्षक उचित आरोह, अवरोह एवं उच्चारण के साथ आगे के भाग का आदर्श वाचन करता है। **कठिन शब्दार्थ:** अहैतुक-अकारण, बिना किसी कारण के प्राणपण-जान की बाजी मर्मभेदी-अतिदुखद, दिल को लगने वाला तितल्ले-तीसरी मंजिल पर उत्तरायण-शांतिनिकेतन में उत्तर दिशा की ओर बना रवींद्रनाथ टैगोर का एक निवास-स्थान। धृष्ट-लज्जा रहित, निःसंकोच यूथभ्रष्ट-समूह या झुंड से निकला या निकाला हुआ। अपरिसीम-असीमित सर्वव्यापक-सबमें रहने वाला अनुकम्पा-दया मुखातिब-संबोधित होकर बिड़ाल-बिलाव ईषत-थोड़ा, कुछ-कुछ, आंशिक रूप से निर्वासन-देश निकाला अभियोग-आरोप	छात्र ध्यानपूर्वक सुनते हैं।

पाठ्य वस्तु एवं शिक्षण बिंदु	शिक्षक क्रियाएँ	छात्र क्रियाएँ
निरीक्षण कार्य	शिक्षक छात्रों को शब्द-अर्थ उतारने को कहेगा तथा लिखित कार्य का निरीक्षण करेगा।	छात्र कठिन शब्दों के अर्थ अपनी पुस्तिका में उतारेंगे।
मूल्यांकन प्रश्न	**प्रश्न**—गुरुदेव द्वारा मैना को लक्ष्य करके लिखी कविता के मर्म को लेखक कब समझ पाया?	छात्र उत्तर देते हैं।

(6) पुनरावृत्ति (Recapitulation)

प्रस्तुत पाठ एक निबंध है। निबंध गद्य-साहित्य की उत्कृष्ट विधा है, जिसमें लेखक अपने भावों और विचारों को कलात्मक और लालित्यपूर्ण शैली में अभिव्यक्त करता है। इस निबंध में उपर्युक्त विशेषताएँ कहाँ झलकती हैं? किन्हीं चार का उल्लेख कीजिए।

(7) गृह-कार्य (Home-Work)

पशु-पक्षियों पर लिखी कविताओं का संग्रह करें और उनके चित्रों के साथ उन्हें प्रदर्शित करें।

पाठ योजना 5
(Lesson Plan 5)

'बढ़े चलो'

वीर, तुम बढ़े चलो।
धीर, तुम बढ़े चलो।।
हाथ में ध्वजा रहे,
बाल-दल सजा रहे,
ध्वज कभी झुके नहीं,
दल कभी रुके नहीं।
वीर, तुम बढ़े चलो।
धीर तुम बढ़े चलो।।

सामने पहाड़ हो,
सिंह की दहाड़ हो,
तुम निडर, हटो नहीं,
तुम निडर, डटो वहीं।
वीर तुम बढ़े चलो।
धीर तुम बढ़े चलो।।
मेघ गरजते रहें
मेघ बरसते रहें
बिजलियाँ कड़क उठें
बिजलियाँ तड़क उठें

वीर तुम बढ़े चलो
धीर तुम बढ़े चलो
प्रात हो कि रात हो
संग हो न साथ हो
सूर्य से बढ़े चलो
चंद्र से बढ़े चलो।
वीर तुम बढ़े चलो
धीर तुम बढ़े चलो।।

–द्वारिकाप्रसाद माहेश्वरी

विषय: हिंदी (कविता)	**कक्षा:** VIth
उपविषय: 'बढ़े चलो'	**समयावधि:** 35-40 मिनट
	दिनांक: ....

(1) सामान्य उद्देश्य (General Objective)

- छात्रों के विभिन्न विषयों के ज्ञान की वृद्धि करना।
- छात्रों की विचार एवं तर्कशक्ति का विकास करना।
- छात्रों की रचनात्मक वृत्ति को जागृत करना।
- छात्रों में अस्त-व्यक्त विचारों को एक व्यवस्था देने और उनमें क्रमबद्ध रूप से सोचने की क्षमता विकसित करना।
- छात्रों को शुद्ध, बोधगम्य, ललित एवं प्रभावोत्पादक भाषा में भाव अभिव्यक्त करने के योग्य बनाना और उनकी रचनात्मक प्रवृत्ति का विकास करना।

(2) विशिष्ट उद्देश्य (Specific Objective)

छात्रों को कवि 'द्वारिकाप्रसाद माहेश्वरी' द्वारा लिखित 'बढ़े चलो' कविता का रसास्वादन कराते हुए देशभक्ति की भावना जागृत करना तथा कविता पर आधारित प्रश्नों के उत्तर देने में समर्थ करना।

(3) पूर्व ज्ञान (Previous Knowledge)

छात्र 'वीर' शब्द से परिचित हैं।

(4) सहायक सामग्री (Teaching Aids)

श्यामपट्ट, चॉक, डस्टर इत्यादि।

(5) प्रस्तावना प्रश्न (Introductory Questions)

- आपने इससे पूर्व कौन-कौन से कवियों की कविताओं का रसास्वादन किया है?
- कवि अपनी कविताओं से क्या संदेश प्रसारित करते हैं?

(6) उद्देश्य कथन (Statement of topic)

छात्रों, आज हम 'द्वारिकाप्रसाद माहेश्वरी' द्वारा लिखित 'बढ़े चलो' कविता की रसानुभूति करेंगे।

(7) प्रस्तुतीकरण (Presentation)

पाठ्य वस्तु एवं शिक्षण बिंदु	शिक्षक क्रियाएँ	छात्र क्रियाएँ
"वीर, तुम ....तुम बढ़े चलो।"	छात्राध्यापिका द्वारा स्पष्ट शुद्ध एवं भावपूर्ण वाणी द्वारा तथा उचित लय एवं गति के साथ आदर्श पाठ तथा भावार्थ किया जाएगा।	छात्र ध्यानपूर्वक सुनेंगे।

पाठ्य वस्तु एवं शिक्षण बिंदु	शिक्षक क्रियाएँ	छात्र क्रियाएँ
	भावार्थ: यह एक 'प्रयाण' गीत है। कवि कहता है कि हे वीर, धीर! तुम आगे बढ़ो। हाथ में राष्ट्रीय ध्वज लेकर बिना रुके बढ़ते रहो। चाहे सामने पहाड़ हो या सिंह गरज रहा हो, बिल्कुल डरो नहीं, डटकर सामना करो और आगे बढ़ो। चाहे बादल गरज रहे हों, बिजलियाँ कड़क रही हों, सुबह हो या रात, कोई साथ में हो या न हो, सूर्य और चंद्रमा के समान आगे बढ़ते रहो। इसमें कवि ने पक्के इरादे के साथ आगे बढ़ने की बात की है। लगातार चलने से मुश्किलें भी आसान हो जाती हैं। **कठिन शब्दार्थ:** ध्वजा–झंडा डटो–पीछे मत हटो प्रात:–सुबह धीर–धैर्यवान निडर–जो किसी से नहीं डरता कड़क-कड़क–बिजलियों के कड़कने की आवाज	
निरीक्षण कार्य	शिक्षक छात्रों को शब्द-अर्थ उतारने का आदेश देगा तथा लिखित कार्य का निरीक्षण करेगा।	छात्र कठिन शब्दों के अर्थ उतारेंगे।
मूल्यांकन प्रश्न	**प्रश्न**–वीरों के हाथ में क्या रहना चाहिए? **प्रश्न**–वीरों को किस-किस की तरह बढ़ना चाहिए?	छात्र उत्तर देते हैं।

(8) पुनरावृत्ति (Recapitulation)

- वीरों को निडर होकर क्या करना चाहिए?
- मेघ और बिजलियाँ क्या-क्या करती हैं?

(9) गृह-कार्य (Home-Work)

- **कविता की पंक्तियाँ पूरी करो:**

(क) वीर तुम बढ़े चलो ....

(ख) ध्वज कभी झुके नहीं ....

(ग) तुम निडर, हटो नहीं ....

(घ) सूर्य से बढ़े चलो ....

- **समान अर्थ वाले शब्दों को रेखा खींचकर मिलाओ:**

ध्वजा	सूरज
निडर	बादल
मेघ	चाँद
सूर्य	झंडा
चंद्र	निर्भय

पाठ योजना 6

(Lesson Plan 6)

'ईश्वरचंद्र विद्यासागर'

ईश्वरचंद्र विद्यासागर प्रसिद्ध विद्वान् और समाज सुधारक थे। वे बंगाल के निवासी थे। बंगाल में उनका बहुत सम्मान था। वे सादा जीवन, उच्च विचार वाले महापुरुष थे।

एक दिन एक युवक उनसे मिलने उनके गाँव मिदनापुर आया। वह रेलगाड़ी से स्टेशन पर उतरा। उसके पास एक सूटकेस था। स्टेशन पर कुली नहीं था। उस युवक को बहुत गुस्सा आया। वह बोला, 'यह अजीब स्टेशन है। यहाँ एक भी कुली नहीं है।'

उसी गाड़ी से एक और आदमी उतरा। वह बहुत सादी पोशाक में था। वह आधी बाँह का कुर्ता, धोती और चप्पल पहने था। वह आदमी उस युवक के पास आया और बोला, 'क्या बात है भाई?' युवक बहुत गुस्से में था। वह बोला, 'यह कैसा स्टेशन है? यहाँ एक भी कुली नहीं है। मेरे पास सामान है।' तब वह आदमी बोला, 'लाइए मैं आपका सामान उठा लूँ।' वह आदमी युवक का सूटकेस उठाकर स्टेशन से बाहर आया। जब उस युवक ने मजदूरी के पैसे देने चाहे तो वह व्यक्ति बोला, 'मुझे पैसे नहीं चाहिए।' वहाँ कुछ बैलगाड़ियाँ खड़ी थीं। युवक एक बैलगाड़ी में बैठ गया।

दूसरे दिन सवेरे वह युवक ईश्वरचंद्र के घर आया। घर के बाहर एक आदमी खड़ा था। यह वही आदमी था जिसने कल रात उसका सामान उठाया था। युवक बोला, 'क्या विद्यासागर जी यहीं रहते हैं।'

उस आदमी ने कहा, 'जी हाँ, आइए अंदर बैठिए।'

युवक ने पूछा, 'विद्यासागर जी कहाँ हैं?'

उस आदमी ने कहा, 'मैं ही विद्यासागर हूँ।'

युवक को बहुत शर्म आई और उसने विद्यासागर जी से माफी माँगी। फिर बोला, 'कल मुझसे भूल हुई। अब मैं समझ गया कि कोई काम बड़ा या छोटा नहीं होता। अपना काम स्वयं करना चाहिए।'

विषय: हिंदी (गद्य)	**कक्षा:** VIth
उपविषय: 'ईश्वरचंद्र विद्यासागर'	**समयावधि:** 35-40 मिनट
	दिनांक: ....

(1) सामान्य उद्देश्य (General Objective)

- छात्रों के विभिन्न विषयों के ज्ञान की वृद्धि करना।
- छात्रों की विचार एवं तर्कशक्ति का विकास करना।
- छात्रों की रचनात्मक वृत्ति को जागृत करना।
- छात्रों में अस्त-व्यक्त विचारों को एक व्यवस्था देने और उनमें क्रमबद्ध रूप से सोचने की क्षमता विकसित करना।
- छात्रों को शुद्ध, बोधगम्य, ललित एवं प्रभावोत्पादक भाषा में भाव अभिव्यक्त करने के योग्य बनाना और उनकी रचनात्मक प्रवृत्ति का विकास करना।

(2) विशिष्ट उद्देश्य (Specific Objective)

छात्रों को अध्याय 'ईश्वरचंद्र विद्यासागर' से भली-भाँति अवगत कराना तथा अध्याय पर आधारित प्रश्नों के उत्तर देने में समर्थ करना।

(3) पूर्व ज्ञान (Previous Knowledge)

छात्र 'ईश्वरचंद्र विद्यासागर' के नाम से परिचित हैं।

(4) सहायक सामग्री (Teaching Aids)

श्यामपट्ट, चॉक, डस्टर इत्यादि।

(5) प्रस्तुतीकरण (Presentation)

पाठ्य वस्तु एवं शिक्षण बिंदु	शिक्षक क्रियाएँ	छात्र क्रियाएँ
"ईश्वरचंद्र विद्यासागर .. ..स्वयं करना चाहिए।"	शिक्षक उचित आरोह, अवरोह एवं उच्चारण के साथ आदर्श वाचन करेगा।	छात्र ध्यानपूर्वक सुनेंगे।

पाठ्य वस्तु एवं शिक्षण बिंदु	शिक्षक क्रियाएँ	छात्र क्रियाएँ
	कठिन शब्दोच्चारण: विद्यासागर विद्वान महापुरुष मिदनापुर सूटकेस बैलगाड़ियाँ इज्जत सुधारक	
	शब्दार्थ व्याख्या:	
	प्रसिद्ध–ईश्वरचंद्र विद्यासागर प्रसिद्ध विद्वान और समाज सुधारक थे।	मशहूर
	सम्मान–विद्यासागर का बंगाल में बहुत सम्मान था।	आदर
	माफी–युवक को बहुत शर्म आई और उसने विद्यासागर जी से माफी माँगी।	क्षमा
निरीक्षण कार्य	शिक्षक छात्रों को शब्द-अर्थ उतारने को कहेगा तथा लिखित कार्य का निरीक्षण करेगा।	छात्र कठिन शब्दों के अर्थ उतारेंगे।
मूल्यांकन प्रश्न	**प्रश्न**–ईश्वरचंद्र विद्यासागर कौन थे? **प्रश्न**–कुली न देखकर युवक ने क्या कहा? **प्रश्न**–युवक का सामान उठाने वाला कौन था?	छात्र उत्तर देते हैं।

(6) पुनरावृत्ति (Recapitulation)

- युवक पैसा देने लगा तो आदमी ने क्या कहा?
- अंत में युवक को क्या सीख मिली?

(7) गृह-कार्य (Home-Work)

छात्र अपने प्रदेश के किसी महापुरुष के जीवन की घटना चार-पाँच वाक्यों में लिखकर लाएँगे।

पाठ योजना 7

(Lesson Plan 7)

'कठपुतली'

कठपुतली
गुस्से से उबली
बोली-ये धागे
क्यों हैं मेरे पीछे-आगे?
इन्हें तोड़ दो;
मुझे मेरे पाँवों पर छोड़ दो।
सुनकर बोलीं और-और
कठपुतलियाँ
कि हाँ,
बहुत दिन हुए
हमें अपने मन के छंद छुए।
मगर.........
पहली कठपुतली सोचने लगी-
ये कैसी इच्छा
मेरे मन में जगी?

–भवानीप्रसाद मिश्र

विषय: हिंदी (कविता)	**कक्षा:** VIIth
उपविषय: 'कठपुतली'	**समयावधि:** 35-40 मिनट
	दिनांक: ....

(1) सामान्य उद्देश्य (General Objective)

- छात्रों के विभिन्न विषयों के ज्ञान की वृद्धि करना।
- छात्रों की विचार एवं तर्कशक्ति का विकास करना।
- छात्रों की रचनात्मक वृत्ति को जागृत करना।
- छात्रों में अस्त-व्यक्त विचारों को एक व्यवस्था देने और उनमें क्रमबद्ध रूप से सोचने की क्षमता विकसित करना।

- छात्रों को शुद्ध, बोधगम्य, ललित एवं प्रभावोत्पादक भाषा में भाव अभिव्यक्त करने के योग्य बनाना और उनकी रचनात्मक प्रवृत्ति का विकास करना।

(2) विशिष्ट उद्देश्य (Specific Objective)

छात्रों को कवि 'भवानीप्रसाद मिश्र' द्वारा रचित 'कठपुतली' कविता से अवगत कराना तथा कविता पर आधारित प्रश्नों के उत्तर देने में समर्थ करना।

(3) पूर्व ज्ञान (Previous Knowledge)

छात्र 'कठपुतली' से परिचित हैं।

(4) सहायक सामग्री (Teaching Aids)

श्यामपट्ट, चॉक, डस्टर इत्यादि।

(5) प्रस्तुतीकरण (Presentation)

पाठ्य वस्तु एवं शिक्षण बिंदु	शिक्षक क्रियाएँ	छात्र क्रियाएँ
"कठपुतली गुस्से......... ......मन में जगी?"	छात्राध्यापिका द्वारा स्पष्ट शुद्ध एवं भावपूर्ण वाणी द्वारा तथा उचित लय एवं गति के साथ आदर्श पाठ तथा भावार्थ किया जाएगा। **भावार्थ:** इस कविता में कठपुतलियाँ स्वतंत्रता की इच्छा से स्वयं अपनी बात व्यक्त कर रही हैं। उनके समक्ष स्वतंत्रता को साकार बनाने वाली चुनौतियाँ हैं। धागे में बँधी हुई कठपुतलियाँ पराधीन हैं। इन्हें दूसरों के इशारे पर नाचने से दुख होता है। दुख से बाहर निकलने के लिए एक कठपुतली विद्रोह कर देती है। वह अपने पाँव पर खड़ी होना चाहती है। उसकी बात सभी कठपुतलियों को अच्छी लगती है। स्वतंत्र रहना कौन नहीं चाहता! लेकिन, जब पहली कठपुतली पर सबकी स्वतंत्रता की जिम्मेदारी आती है, वह सोच-समझकर कदम उठाना जरूरी समझती है।	छात्र ध्यानपूर्वक सुनते हैं।

पाठ्य वस्तु एवं शिक्षण बिंदु	शिक्षक क्रियाएँ	छात्र क्रियाएँ
	कठिन शब्दार्थः छद–उमंग, खुशी इच्छा–चाह	
निरीक्षण कार्य	शिक्षक छात्रों को शब्द-अर्थ उतारने को कहेगा तथा लिखित कार्य का निरीक्षण करेगा।	छात्र कठिन शब्दों के अर्थ उतारेंगे।
मूल्यांकन प्रश्न	**प्रश्न**–कठपुतली को गुस्सा क्यों आया? **प्रश्न**–कठपुतली को अपने पाँवों पर खड़ी होने की इच्छा है, लेकिन वह क्यों नहीं खड़ी होती?	छात्र उत्तर देते हैं।

(6) पुनरावृत्ति (Recapitulation)

पहली कठपुतली की बात दूसरी कठपुतलियों को क्यो अच्छी लगी?

(7) गृह-कार्य (Home-Work)

- पहली कठपुतली ने स्वयं कहा कि–'ये धागे/क्यों हैं मेरे पीछे-आगे?/इन्हें तोड़ दो/मुझे मेरे पाँवों पर छोड़ दो।'–तो फिर वह चिंतित क्यों हुई कि–'ये कैसी इच्छा/मेरे मन में जगी?' नीचे दिए वाक्यों की सहायता से अपने विचार व्यक्त कीजिए:
  (क) उसे दूसरी कठपुतलियों की जिम्मेदारी महसूस होने लगी।
  (ख) उसे शीघ्र स्वतंत्र होने की चिंता होने लगी।
  (ग) वह स्वतंत्रता की इच्छा को साकार करने और स्वतंत्रता को हमेशा बनाए रखने के उपाय सोचने लगी।
  (घ) वह डर गई, क्योंकि उसकी उम्र कम थी।

पाठ योजना 8
(Lesson Plan 8)

'आ रही रवि की सवारी'

'आ रही रवि की सवारी।
नव किरण का रथ सजा है,
कलि-कुसुम से पथ सजा है,
बादलों से अनुचरों ने स्वर्ण की पोशाक धारी।
आ रही रवि की सवारी।
विहग, बंदी और चारण,
गा रहे हैं कीर्ति-गायन
छोड़कर मैदान भागी तारकों की फौज सारी।
आ रही रवि की सवारी।
चाहता उछलूँ विजय कह
पर ठिठकता देखकर यह—
रात का राजा खड़ा है, राह में बनकर भिखारी।
आ रही रवि की सवारी।'

विषय: हिंदी (कविता)	**कक्षा:** VIIIth
उपविषय: 'आ रही रवि की सवारी'	**समयावधि:** 35-40 मिनट
	दिनांक: ....

(1) सामान्य उद्देश्य (General Objective)

- छात्रों के विभिन्न विषयों के ज्ञान की वृद्धि करना।
- छात्रों की विचार एवं तर्कशक्ति का विकास करना।
- छात्रों की रचनात्मक वृत्ति को जागृत करना।
- छात्रों में अस्त-व्यक्त विचारों को एक व्यवस्था देने और उनमें क्रमबद्ध रूप से सोचने की क्षमता विकसित करना।
- छात्रों को शुद्ध, बोधगम्य, ललित एवं प्रभावोत्पादक भाषा में भाव अभिव्यक्त करने के योग्य बनाना और उनकी रचनात्मक प्रवृत्ति का विकास करना।

(2) विशिष्ट उद्देश्य (Specific Objective)

- छात्रों को 'हरिवंशराय बच्चन' द्वारा रचित कविता 'आ रही रवि की सवारी' से भली-भाँति अवगत कराना।

- छात्रों को प्रात:काल उदित होते हुए सूर्य के अनुपम सौंदर्य की रसानुभूति कराना।
- छात्रों को सूर्य के उदित होने पर प्राकृतिक परिवेश के परिवर्तन का रसास्वादन कराना।
- कविता पर आधारित प्रश्नों के उत्तर देने में समर्थ करना।

(3) पूर्व ज्ञान (Previous Knowledge)

छात्र इस तथ्य की सामान्यतया जानकारी रखते हैं कि चंद्रमा के अस्त होने पर सूर्य उदित होता है। उदित होता हुआ सूर्य अत्यंत सुंदर होता है। फूल और कलियाँ खिल जाती हैं। पक्षी चहचहाने लगते हैं।

(4) सहायक सामग्री (Teaching Aids)

श्यामपट्ट, चॉक, डस्टर इत्यादि।

(5) प्रस्तुतीकरण (Presentation)

पाठ्य वस्तु एवं शिक्षण बिंदु	शिक्षक क्रियाएँ	छात्र क्रियाएँ
"आ रही .... रवि की सवारी।"	शिक्षक गीत, लय इत्यादि का ध्यान रखते हुए भाव के अनुकूल स्वर में वाचन करेगा। **भावार्थ:** प्रात:काल का सूर्य उदित होता हुआ ऐसा प्रतीत हो रहा मानो किरण रूपी रथ पर सवार होकर राजा की सवारी आ रही है। राजा की सवारी आने पर जिस प्रकार प्रजा, राह में फूल बिखेरकर राजा का स्वागत करती है, उसी प्रकार सूर्य के उदित होने पर फूल और कलियाँ खिल जाती हैं। उन्हें देखकर ऐसा प्रतीत होता है मानो सूर्य रूपी राजा का स्वागत करने के लिए वे मार्ग में बिखर गए हैं। जिस प्रकार राजा के सेवक सुंदर-सुंदर पोशाक धारण कर अपने राजा का स्वागत करते हैं। सूर्य के उदित होने पर, सूर्य की सुनहरी किरणों की छटा बादलों पर पड़	छात्र ध्यानपूर्वक सुनते हैं।

पाठ्य वस्तु एवं शिक्षण बिंदु	शिक्षक क्रियाएँ	छात्र क्रियाएँ
	रही है। यह दृश्य देखकर ऐसा प्रतीत होता है, मानो सूर्य रूपी राजा स्वागत हेतु, बादलों ने सुनहरी पोशाक पहन रखी है। प्रजा अपने राजा का स्वागत आनंदित होकर नाच-गाकर करती है। चारण उनकी कीर्ति गाते हैं। प्रात:कालीन पक्षियों का मधुर कलरव ऐसा प्रतीत होता है कि वे सूर्य रूपी राजा का स्वागत कर रहे हैं। प्रात:काल सूर्य के उदित होने पर तारों के समूहों का छिप जाना एक स्वाभाविक प्रक्रिया है किंतु कवि की कल्पना में तारों की फौज सूर्य रूपी राजा से भयभीत होकर भाग खड़ी हुई है। सूर्य के उदित होने पर चंद्रमा का अस्त हो जाना ऐसा प्रतीत हो रहा है मानो दिन के राजा सूर्य से रात का राजा चंद्रमा पराजित हो अपना मुँह छिपा रहा है। सूर्य विजयी हो गया है। रात्रि कालीन सम्राट चंद्रमा की स्थिति भिखारियों जैसी हो गई है। कवि कहता है कि उसका मन चाहता है कि वह सूर्य की विजय पर जय-जयकार करे। परंतु वास्तव में सूर्य की यह विजय क्षणिक है। रात होने पर चंद्रमा पुन: उदित होगा, वह फिर से रात का राजा बनेगा और सूर्य अस्त हो जाएगा। इस प्रकार यह क्रम चलता ही रहेगा। यह सोचकर कवि खुशी नहीं मना पा रहा है। हमें प्रकृति से यह भी संदेश मिलता है कि उच्च पद प्राप्ति पर हमें गर्व नहीं करना चाहिए क्योंकि समय परिवर्तनशील है, राजा से भिखारी बनने में देर नहीं लगती है।	

पाठ्य वस्तु एवं शिक्षण बिंदु	शिक्षक क्रियाएँ	छात्र क्रियाएँ
	कठिन शब्दार्थ: रवि–सूर्य कुसुम–फूल पथ–रास्ता अनुचर–सेवक विहग–पक्षी चारण–भाट कीर्ति-मायन–यशगान तारकों–तारों रात का राजा–चंद्रमा	
निरीक्षण कार्य	शिक्षक छात्रों को शब्द-अर्थ उतारने का आदेश देगा तथा लिखित कार्य का निरीक्षण करेगा।	छात्र शब्द-अर्थ अपनी पुस्तिका में उतारते हैं।
मौन वाचन	शिक्षक छात्रों को मौन वाचन का आदेश देगा।	छात्र मौन वाचन करेंगे।
मूल्यांकन प्रश्न	**प्रश्न**–उदित होता सूर्य देखकर कवि ने क्या कल्पना की है? **प्रश्न**–राजा के सेवकों की वेशभूषा किस प्रकार की होती है? **प्रश्न**–सूर्य के उदित होने पर चंद्रमा की क्या स्थिति होती है?	छात्र उत्तर देते हैं।

(6) पुनरावृत्ति (Recapitulation)

- सूर्य रूपी राजा किस रथ पर सवार है?
- प्रजा आनंदित होकर अपने राजा का स्वागत किस प्रकार करती है?

(7) गृह-कार्य (Home-Work)

छात्र कविता को कठस्थ करेंगे।

पाठ योजना 9
(Lesson Plan 9)

'अम्बर की बातें'

मैंने धरती के गीत सुने, अम्बर की बातें क्या जानूँ?
धरती के पहले बोल सुने, धरती पर पहला स्वर फूटा।
धरती ने जीवन दान दिया, धरती पर जीवन-सुख लूटा।
धरती माता के अंचल में, ममतामय स्नेह-दुलार मिला।
धरती ने आँसू झेले हैं, धरती पर पहला प्यार मिला।
धरती ने स्वर्ग बिखेरा है, नभ की सौगातें क्या जानूँ?
सूरज धरती की छाती पर, संपूर्ण तेज अजमाता है।
नभ अपने वज्र प्रहारों से, धरती के प्राण कँपाता है।
ज्वालामुखियों-भूकंपों ने, धरती पर प्रलय मचाया है।
मानव ने मानव के वध से, धरती पर खून बहाया है।
लपटों-शोलों से खेला हूँ, शीतल बरसातें क्या जानूँ?
ढह गए महल, गढ़ गए मुकुट, धरती अब भी मुसकाती है।
चाँद सितारे मौन खड़े, यह धरती अब भी गाती है।
धरती पर कितने चरण चले, कितनों ने रोया गाया है।
धरती की नीरव भाषा को, पर कौन भला पढ़ पाया है।
मैंने तो भू के अंक पढ़े, नभ-लिपि की बातें क्या जानूँ?

विषय: हिंदी (पद्य)	**कक्षा:** IXth
उपविषय: 'अम्बर की बातें'	**समयावधि:** 35-40 मिनट
	दिनांक: ....

(1) सामान्य उद्देश्य (General Objective)

- छात्रों में हिंदी पद्य के प्रति रुचि उत्पन्न करना।
- छात्रों में लय, ताल, मधुरता एवं भाव के अनुसार कविता पढ़ने की क्षमता उत्पन्न करना।
- छात्रों की कल्पना शक्ति तथा शब्द एवं अर्थमूलक सौंदर्यानुभूति की वृद्धि करना।
- छात्रों की सृजनात्मक प्रतिभा को सजग करके उन्हें काव्य रचना के लिए प्रेरित करना।
- छात्रों में उक्त भाव का संवर्धन करके चरित्र निर्माण में योग देना।

(2) विशिष्ट उद्देश्य (Specific Objective)

एक आँचलिक कवि 'श्री नर्मदा प्रसाद खरे' द्वारा रचित कविता 'अम्बर की बातें' की भावानुभूति कराते हुए छात्रों को अपने देश, अपनी मातृभूमि के प्रति प्रेम त्याग के साथ-साथ अपने कर्त्तव्यों की ओर अग्रसर होने के लिए प्रेरित करना तथा कविता पर आधारित प्रश्नों के उत्तर देने में समर्थ करना।

(3) पूर्व ज्ञान (Previous Knowledge)

छात्र देश-प्रेम संबंधी कविताओं का रसास्वादन कर चुके हैं।

(4) सहायक सामग्री (Teaching Aids)

श्यामपट्ट, चॉक, डस्टर इत्यादि।

(5) प्रस्तावना (Introduction)

"है यही स्वर्ग, अपवर्ग नरक भूतल में,
कुछ धरा नहीं अन्यत्र किसी भी स्थल में।
वैभव भी यहीं, शांति भी यहीं, यहीं विकास का आश्रम
कर्म भी यहीं, तप भी यहीं, यहीं सिद्धि साधना का क्रम।।"

- प्रस्तुत कविता के रचयिता कौन हैं?
- कविवर सोहनलाल द्विवेदी ने इन पंक्तियों में किसकी महत्ता का वर्णन किया है?
- धरती को सभी प्रकार के जप, तप व सिद्धियों का स्थल क्यों कहा गया है?

(6) उद्देश्य कथन (Statement of topic)

यह पृथ्वी बड़ी ही उदार, धैर्यशालिनी और अपार शक्ति की स्रोत है। प्रस्तुत कविता में श्री सोहन लाल द्विवेदी ने जिस तरह धरती की इस महिमा का वर्णन किया है उसी तरह 'अम्बर की बातें' शीर्षक कविता में 'श्री नर्मदा प्रसाद खरे' ने पृथ्वी की महत्ता एवं उसकी यथार्थता का वर्णन करते हुए आकाश को वास्तविकता से परे तथा पृथ्वी को यथार्थ का प्रतीक बताया है। आज हम इसी से संबंधित 'अम्बर की बातें' कविता की रसानुभूति करेंगे।

(7) प्रस्तुतीकरण (Presentation)

पाठ्य वस्तु एवं शिक्षण बिंदु	शिक्षक क्रियाएँ	छात्र क्रियाएँ
"मैंने धरती .... बातें क्या जानूँ?	शिक्षक गीत, लय इत्यादि का ध्यान रखते हुए भाव के अनुकूल स्वर में वाचन करेगा। **भावार्थ:** यह शाश्वत सत्य है कि धरती हमारी माँ है, हम सबकी जन्मदायिनी है। जन्म से ही	छात्र ध्यानपूर्वक सुनते हैं।

पाठ्य वस्तु एवं शिक्षण बिंदु	शिक्षक क्रियाएँ	छात्र क्रियाएँ
	हम यहाँ रोते हैं, हँसते हैं, खेलते हैं और इसी धरती पर लोट-पोट कर बड़े होते हैं, सुख-दु:ख का अनुभव करते हैं, श्रम करते हैं, जीवन का आनंद लेते हैं, इसलिए धरती से परे या आकाश का ज्ञान नहीं हो सकता। इसीलिए कवि ने यहाँ धरती के धारित्री रूप को प्रकट किया है जो हमारी सर्वस्व है और जो हमारी माँ है। पृथ्वी अनेक प्रकार के कष्टों को झेलते हुए, प्राकृतिक आपदाओं को सहते हुए हमें असल प्यार और दुलार देती है। हमारे सुख एवं समृद्धि के लिए अपने अंदर छिपे रत्नगर्भा कहलाने वाली वह पृथ्वी अन्नों, फलों, खाद्यान्नों, पुष्पों, रत्नों आदि को प्रदान करती है। अत: जिसके द्वारा हम स्वर्ग जैसा सुख इसी पृथ्वी के द्वारा दिए गए उपहारों से, इसी पृथ्वी पर भोगते हैं। इसलिए कवि को आकाश की बातों या ज्ञान में कोई रुचि नहीं है भला ऐसी स्नेहमयी माँ को छोड़कर हम कहीं और क्यों भागें? पृथ्वी पर अनेक प्रकार की प्राकृतिक एवं मानवीय घटनाएँ, आपदाएँ आती रहती हैं। सूर्य भी अपनी प्रखर किरणों से इस भू-पटल को आंदोलित करता रहता है। पृथ्वी पर उथल-पुथल मची रहती है। कभी ज्वालामुखी फटते हैं, कभी बिजली गरजती है, कभी प्रलयकारी तूफान आते हैं तो कभी मनुष्य भी एक-दूसरे के खून का प्यासा होकर विनाशकारी युद्धों में लिप्त हो जाता है। इसी संघर्ष एवं शौर्य के भावों को जगाते हुए कवि संदेश दे रहा है कि	

पाठ्य वस्तु एवं शिक्षण बिंदु	शिक्षक क्रियाएँ	छात्र क्रियाएँ
	हमने संघर्ष किया है। इसी संघर्ष के बल पर विभिन्न आपदाओं, विपदाओं और तूफानों से निकलकर इस जीवन को विकासमय और सुखमय बनाना है। इतिहास साक्षी है कि कितने साम्राज्य बने व मिट गए। कितने प्रतापी एक से एक चक्रवर्ती सम्राट हुए और इसी प्रकार सभी कालकलवित हो गए लेकिन धरती अब भी उस रूप में हमारे सामने रत्नगर्भा स्वरूप को लिए वैसी की वैसी है। ऐसी भारत भूमि महान् है। यहाँ युगों-युगों से न जाने कितनों ने जन्म लिया, बड़े हुए, सुख-दु:ख भोगा और समाप्त हो गए। लेकिन पृथ्वी की सहनशीलता, उसकी शांतिदायिनी प्रकृति आज भी ज्यों की त्यों बनी हुई है उसका धारित्री चरित्र आज भी उज्ज्वल है। जिसे कोई बिरला ही समझ पाता है, तभी तो कवि ने उसकी नीरव भाषा को महान् बताया है। हम सब कुछ जानते हुए भी उसकी विशालता को, उसकी महानता को, उसकी उदारता को स्वीकार करते हैं और उसके सामने नतमस्तक होते हैं। **कठिन शब्दार्थ:** अम्बर–आकाश अंचल–गोद बज्र–कठोर वध–हत्या शीतल–ठंडी सौगातें–उपहार ढह गए–नष्ट हो गए भू–पृथ्वी	

पाठ्य वस्तु एवं शिक्षण बिंदु	शिक्षक क्रियाएँ	छात्र क्रियाएँ
निरीक्षण कार्य	शिक्षक छात्रों को शब्द-अर्थ उतारने का आदेश देगा तथा लिखित कार्य का निरीक्षण करेगा।	छात्र शब्द-अर्थ अपनी पुस्तिका में उतारते हैं।
मूल्यांकन प्रश्न	**प्रश्न**—अम्बर की बातों से कवि का क्या आशय है? **प्रश्न**—'जीवन दान दिया' द्वारा कवि धरती के किन गुणों का परिचय दे रहा है? **प्रश्न**—सूर्य का व्यापक प्रभाव पृथ्वी पर किन-किन रूपों में पड़ता है? **प्रश्न**—'ढह गए महल' से क्या तात्पर्य है?	छात्र उत्तर देते हैं।

(8) पुनरावृत्ति (Recapitulation)

- आकाश अपना कठोर आघात पृथ्वी पर किस प्रकार डालता है?
- मानव की किस अमानवीय क्रिया से धरती रक्त रंजित हो उठती है?

(9) गृह-कार्य (Home-Work)

शिक्षक प्रस्तुत कविता को कंठस्थ करने का आदेश देगा तथा कविता का भावार्थ अपने शब्दों में लिखने को कहेगा।

पाठ योजना 10
(Lesson Plan 10)

'वीर कुँवर सिंह'

आपने सुभद्रा कुमारी चौहान की कविता 'झाँसी की रानी' छठी कक्षा में पढ़ी होगी। इस कविता में ठाकुर कुँवर सिंह का नाम भी आया है। आपको कविता की पंक्तियाँ याद आ रही होंगी। एक बार फिर से इन पंक्तियों को पढ़िए:

इस स्वतंत्रता-महायज्ञ में कई वीरवर आए काम,
नाना धुंधूपंत, ताँतिया, चतुर अजीमुल्ला सरनाम।
अहमद शाह मौलवी, ठाकुर कुँवर सिंह सैनिक अभिराम,
भारत के इतिहास-गगन में अमर रहेंगे जिनके नाम।।

यहाँ स्वतंत्रता संग्राम के उसी वीर कुँवर सिंह के बारे में जानकारी दी जा रही है। सन् 1857 के व्यापक सशस्त्र-विद्रोह ने भारत में ब्रिटिश शासन की जड़ों को हिला दिया। भारत में ब्रिटिश शासन ने जिस दमन नीति को आरंभ किया उसके विरुद्ध विद्रोह शुरू हो गया था। मार्च 1857 में बैरकपुर में अंग्रेजों के विरुद्ध बगावत करने पर मंगल पांडे को 8 अप्रैल 1857 को फाँसी दे दी गई। 10 मई 1857 को मेरठ में भारतीय सैनिकों ने ब्रिटिश अधिकारियों के विरुद्ध आंदोलन किया और सीधे दिल्ली की ओर कूच कर गए। दिल्ली में तैनात सैनिकों के साथ मिलकर 11 मई को उन्होंने दिल्ली पर कब्जा कर लिया और अंतिम मुगल शासक बहादुरशाह जफर को भारत का शासक घोषित कर दिया। यह विद्रोह जंगल की आग की भाँति दूर-दूर तक फैल गया। कई महीनों तक उत्तरी और मध्य भारत के विस्तृत भूभाग पर विद्रोहियों का कब्जा रहा।

दिल्ली के अतिरिक्त जहाँ अत्यधिक भीषण युद्ध हुआ, वे केंद्र थे—कानपुर, लखनऊ, बरेली, बुंदेलखंड और आरा। इसके साथ ही देश के अन्य कई भागों में भी स्थानीय विद्रोह हुए। विद्रोह के मुख्य नेताओं में नाना साहेब, ताँत्या टोपे, बख्त खान, अजीमुल्ला खान, रानी लक्ष्मीबाई, बेगम हजरत महल, कुँवर सिंह, मौलवी अहमदुल्लाह, बहादुर खान और राव तुलाराम थे। 1857 का आंदोलन स्वतंत्रता प्राप्ति की दिशा में एक दृढ़ कदम था। आगे चलकर जिस राष्ट्रीय एकता और आंदोलन की नींव पड़ी, उसकी आधारभूमि को निर्मित करने का काम 1857 के आंदोलन ने किया। भारत में सांप्रदायिक सद्भाव को बढ़ाने की दिशा में भी इस आंदोलन का विशेष महत्त्व है।

1857 के आंदोलन में वीर कुँवर सिंह का नाम कई दृष्टियों से उल्लेखनीय है। कुँवर सिंह जैसे वयोवृद्ध व्यक्ति ने ब्रिटिश शासन के खिलाफ बहादुरी के साथ युद्ध किया।

वीर कुँवर सिंह के बचपन के बारे में बहुत अधिक जानकारी नहीं मिलती। कहा जाता है कि कुँवर सिंह का जन्म बिहार में शाहाबाद जिले के जगदीशपुर में सन् 1782 ई. में हुआ था।

उनके पिता का नाम साहबजादा सिंह और माता का नाम पंचरतन कुँवर था। उनके पिता साहबजादा सिंह जगदीशपुर रियासत के जमींदार थे, परंतु उनको अपनी जमींदारी हासिल करने में बहुत संघर्ष करना पड़ा। पारिवारिक उलझनों के कारण कुँवर सिंह के पिता बचपन में उनकी ठीक से देखभाल नहीं कर सके। जगदीशपुर लौटने के बाद ही वे कुँवर सिंह की पढ़ाई-लिखाई की ठीक से व्यवस्था कर पाए।

कुँवर सिंह के पिता वीर होने के साथ-साथ स्वाभिमानी एवं उदार स्वभाव के व्यक्ति थे। उनके व्यक्तित्व का प्रभाव कुँवर सिंह पर भी पड़ा। कुँवर सिंह की शिक्षा-दीक्षा की व्यवस्था उनके पिता ने घर पर ही की, वहीं उन्होंने हिंदी, संस्कृत और फारसी सीखी। परंतु पढ़ने-लिखने से अधिक उनका मन घुड़सवारी, तलवारबाजी और कुश्ती लड़ने में लगता था।

बाबू कुँवर सिंह ने अपने पिता की मृत्यु के बाद सन् 1827 में अपनी रियासत की जिम्मेदारी सँभाली। उन दिनों ब्रिटिश हुकूमत का अत्याचार चरम सीमा पर था। इससे लोगों में ब्रिटिश हुकूमत के खिलाफ भयंकर असंतोष उत्पन्न हो रहा था। कृषि, उद्योग और व्यापार का तो बहुत ही बुरा हाल था। रजवाड़ों के राजदरबार भी समाप्त हो गए थे। भारतीयों को अपने ही देश में महत्त्वपूर्ण और ऊँची नौकरियों से वंचित कर दिया गया था। इससे ब्रिटिश सत्ता के विरुद्ध देशव्यापी संघर्ष की स्थिति बन गई थी। ऐसी स्थिति में कुँवर सिंह ने ब्रिटिश हुकूमत से लोहा लेने का संकल्प लिया।

जगदीशपुर के जंगलों में 'बसुरिया बाबा' नाम के एक सिद्ध संत रहते थे। उन्होंने ही कुँवर सिंह में देशभक्ति एवं स्वाधीनता की भावना उत्पन्न की थी। उन्होंने बनारस, मथुरा, कानपुर, लखनऊ आदि स्थानों पर जाकर विद्रोह की सक्रिय योजनाएँ बनाईं। वे 1845 से 1846 तक काफी सक्रिय रहे और गुप्त ढंग से ब्रिटिश हुकूमत के खिलाफ विद्रोह की योजना बनाते रहे। उन्होंने बिहार के प्रसिद्ध सोनपुर मेले को अपनी गुप्त बैठकों की योजना के लिए चुना। सोनपुर के मेले को एशिया का सबसे बड़ा पशु मेला माना जाता है। यह मेला कार्तिक पूर्णिमा के अवसर पर लगता है। यह हाथियों के क्रय-विक्रय के लिए भी विख्यात है। इसी ऐतिहासिक मेले में उन दिनों स्वाधीनता के लिए लोग एकत्र होकर क्रांति के बारे में योजना बनाते थे।

25 जुलाई 1857 को दानापुर की सैनिक टुकड़ी ने विद्रोह कर दिया और सैनिक सोन नदी पार कर आरा की ओर चल पड़े। कुँवर सिंह से उनका संपर्क पहले से ही था। इस मुक्तिवाहिनी के सभी बागी सैनिकों ने कुँवर सिंह का जयघोष करते हुए आरा पहुँचकर जेल की सलाखें तोड़ दीं और कैदियों को आजाद कर दिया। 27 जुलाई 1857 को कुँवर सिंह ने आरा पर विजय प्राप्त की। सिपाहियों ने उन्हें फौजी सलामी दी। यद्यपि कुँवर सिंह बूढ़े हो चले थे परंतु वह बूढ़ा शूरवीर इस अवस्था में भी युद्ध के लिए तत्पर हो गया और आरा क्रांति का महत्त्वपूर्ण केंद्र बन गया।

दानापुर और आरा की इस लड़ाई की ज्वाला बिहार में सर्वत्र व्याप्त हो गई थी। लेकिन देशी सैनिकों में अनुशासन की कमी, स्थानीय जमींदारों का अंग्रेजों के साथ सहयोग करना एवं आधुनिकतम शस्त्रों की कमी के कारण जगदीशपुर का पतन रोका न जा सका। 13 अगस्त को

जगदीशपुर में कुँवर सिंह की सेना अंग्रेजों से परास्त हो गई। किंतु इससे वीरवर कुँवर सिंह का आत्मबल टूटा नहीं और वे भावी संग्राम की योजना बनाने में तत्पर हो गए। वह क्रांति के अन्य संचालक नेताओं से मिलकर इस आजादी की लड़ाई को आगे बढ़ाना चाहते थे। कुँवर सिंह सासाराम से मिर्जापुर होते हुए रीवा, कालपी, कानपुर एवं लखनऊ तक गए। लखनऊ में शांति नहीं थी इसलिए बाबू कुँवर सिंह ने आजमगढ़ की ओर प्रस्थान किया। उन्होंने आजादी की इस आग को बराबर जलाए रखा। उनकी वीरता की कीर्ति पूरे उत्तर भारत में फैल गई। कुँवर सिंह की इस विजय यात्रा से अंग्रेजों के होश उड़ गए। कई स्थानों के सैनिक एवं राजा कुँवर सिंह की अधीनता में लड़े। उनकी यह आजादी की यात्रा आगे बढ़ती रही, लोग शामिल होते गए और उनकी अगुवाई में लड़ते रहे। इस प्रकार ग्वालियर, जबलपुर के सैनिकों के सहयोग से सफल सैन्य रणनीति का प्रदर्शन करते हुए वे लखनऊ पहुँचे।

आजमगढ़ की ओर जाने का उनका उद्देश्य था—इलाहाबाद एवं बनारस पर आक्रमण कर शत्रुओं को पराजित करना और अंततः जगदीशपुर पर अधिकार करना। अंग्रेजों और कुँवर सिंह की सेना के बीच घमासान युद्ध हुआ। उन्होंने 22 मार्च 1858 को आजमगढ़ पर कब्जा कर लिया। अंग्रेजों ने दोबारा आजमगढ़ पर आक्रमण किया। कुँवर सिंह ने एक बार फिर आजमगढ़ में अंग्रेजों को हराया। इस प्रकार अंग्रेजी सेना को परास्त कर वीर कुँवर सिंह 23 अप्रैल 1858 को स्वाधीनता की विजय पताका फहराते हुए जगदीशपुर पहुँच गए। किंतु इस बूढ़े शेर को बहुत अधिक दिनों तक इस विजय का आनंद लेने का सौभाग्य न मिला। इसी दिन विजय उत्सव मनाते हुए लोगों ने यूनियन जैक (अंग्रेजों का झंडा) उतारकर अपना झंडा फहराया। इसके तीन दिन बाद ही 26 अप्रैल 1858 को यह वीर इस संसार से विदा होकर अपनी अमर कहानी छोड़ गया।

स्वाधीनता सेनानी वीर कुँवर सिंह युद्ध-कला में पूरी तरह कुशल थे। छापामार युद्ध करने में उन्हें महारत हासिल थी। कुँवर सिंह के रणकौशल को अंग्रेजी सेनानायक समझने में पूर्णतः असमर्थ थे। दुश्मन को उनके सामने से या तो भागना पड़ता था या कट मरना पड़ता था। 1857 के स्वतंत्रता संग्राम में इन्होंने तलवार की जिस धार से अंग्रेजी सेना को मौत के घाट उतारा उसकी चमक आज भी भारतीय इतिहास के पृष्ठों पर अंकित है। उनकी बहादुरी के बारे में अनेक किस्से प्रचलित हैं।

कहा जाता है एक बार वीर कुँवर सिंह को अपनी सेना के साथ गंगा पार करनी थी। अंग्रेजी सेना निरंतर उनका पीछा कर रही थी, पर कुँवर सिंह भी कम चतुर नहीं थे। उन्होंने अफवाह फैला दी कि वे अपनी सेना को बलिया के पास हाथियों पर चढ़ाकर पार कराएँगे। फिर क्या था, अंग्रेजी सेनापति डगलस बहुत बड़ी सेना लेकर बलिया के निकट गंगा तट पर पहुँचा और कुँवर सिंह की प्रतीक्षा करने लगा। कुँवर सिंह ने बलिया से सात मील दूर शिवराजपुर नामक स्थान पर अपनी सेना को नावों से गंगा पार करा दिया। जब डगलस को इस घटना की सूचना मिली तो वह भागते हुए शिवराजपुर पहुँचा, पर कुँवर सिंह की तो पूरी सेना गंगा पार कर चुकी थी। एक अंतिम नाव

रह गई थी और कुँवर सिंह उसी पर सवार थे। अंग्रेजी सेनापति डगलस को अच्छा मौका मिल गया। उसने गोलियाँ बरसानी आरंभ कर दीं, तब कुँवर सिंह के बाएँ हाथ की कलाई को भेदती हुई एक गोली निकल गई। कुँवर सिंह को लगा कि अब हाथ तो बेकार हो ही गया और गोली का जहर भी फैलेगा, उसी क्षण उन्होंने गंगा मैया की ओर भावपूर्ण नेत्रों से देखा और अपने बाएँ हाथ को काटकर गंगा मैया को अर्पित कर दिया। कुँवर सिंह ने अपने ओजस्वी स्वर में कहा, "हे गंगा मैया! अपने प्यारे की यह अकिंचन भेंट स्वीकार करो।"

वीर कुँवर सिंह ने ब्रिटिश हुकूमत के साथ लोहा तो लिया ही उन्होंने अनेक सामाजिक कार्य भी किए। आरा जिला स्कूल के लिए जमीन दान में दी जिस पर स्कूल के भवन का निर्माण किया गया। कहा जाता है कि उनकी आर्थिक स्थिति बहुत अच्छी नहीं थी, फिर भी वे निर्धन व्यक्तियों की सहायता करते थे। उन्होंने अपने इलाके में अनेक सुविधाएँ प्रदान की थीं। उनमें से एक है—आरा–जगदीशपुर सड़क और आरा–बलिया सड़क का निर्माण। उस समय जल की पूर्ति के लिए लोग कुएँ खुदवाते थे और तालाब बनवाते थे। वीर कुँवर सिंह ने अनेक कुएँ खुदवाए और जलाशय भी बनवाए।

कुँवर सिंह उदार एवं अत्यंत संवेदनशील व्यक्ति थे। इब्राहीम खाँ और किफायत हुसैन उनकी सेना में उच्च पदों पर आसीन थे। उनके यहाँ हिंदुओं और मुसलमानों के सभी त्योहार एक साथ मिलकर मनाए जाते थे। उन्होंने पाठशालाएँ और मकतब भी बनवाए। बाबू कुँवर सिंह की लोकप्रियता इतनी थी कि बिहार की कई लोकभाषाओं में उनकी प्रशस्ति लोकगीतों के रूप में आज भी गाई जाती है। बिहार के प्रसिद्ध कवि मनोरंजन प्रसाद सिंह ने उनकी वीरता और शौर्य का वर्णन करते हुए लिखा है:

चला गया यों कुँअर अमरपुर, साहस से सब अरिदल जीत,
उसका चित्र देखकर अब भी, दुश्मन होते हैं भयभीत।
वीर–प्रसविनी–भूमि धन्य वह, धन्य वीर वह धन्य अतीत,
गाते थे और गावेंगे हम, हरदम उसकी जय का गीत।
स्वतंत्रता का सैनिक था, आजादी का दीवाना था,
सब कहते हैं कुँअर सिंह भी, बड़ा वीर मरदाना था।।

विषय: हिंदी (निबंध)	**कक्षा:** VII th
उपविषय: 'वीर कुँवर सिंह'	**समयावधि:** 35-40 मिनट
	दिनांक: ....

(1) सामान्य उद्देश्य (General Objective)

- छात्रों में हिंदी निबंध के प्रति रुचि उत्पन्न करना।
- छात्रों में लय, ताल, मधुरता एवं भाव के अनुसार निबंध पढ़ने की क्षमता उत्पन्न करना।
- छात्रों की कल्पना शक्ति तथा शब्द एवं अर्थ मूलक सौंदर्यानुभूति की वृद्धि करना।
- छात्रों की सृजनात्मक प्रतिभा को सजग करके उन्हें काव्य रचना के लिए प्रेरित करना।
- छात्रों में उक्त भाव का संवर्धन करके चरित्र निर्माण में योग देना।

(2) विशिष्ट उद्देश्य (Specific Objective)

छात्रों को अध्याय 'वीर कुँवर सिंह' से अवगत कराना तथा अध्याय पर आधारित प्रश्नों के उत्तर देने में समर्थ करना।

(3) पूर्व ज्ञान (Previous Knowledge)

छात्र वीर कुँवर सिंह के नाम से परिचित हैं।

(4) सहायक सामग्री (Teaching Aids)

श्यामपट्ट, चॉक, डस्टर इत्यादि।

(5) प्रस्तुतीकरण (Presentation)

पाठ्य वस्तु एवं शिक्षण बिंदु	शिक्षक क्रियाएँ	छात्र क्रियाएँ
"आपने .... बड़ा वीर मरदाना था।"	शिक्षक उचित आरोह, अवरोह एवं उच्चारण के साथ आदर्श वाचन करेगा। **कठिन शब्दोच्चारण:** सशस्त्र बहादुरशाह अजीमुल्ला	छात्र ध्यानपूर्वक सुनते हैं।

पाठ्य वस्तु एवं शिक्षण बिंदु	शिक्षक क्रियाएँ	छात्र क्रियाएँ
	अहमदुल्लाह सद्भाव व्योवृद्ध तलवारबाजी आजमगढ़ घमासान स्वाधीनता अकिंचन **कठिन शब्दार्थः** शासक–राज करने वाला विस्तृत–फैला हुआ रियासत–राज्य देशव्यापी–पूरे देश में शूरवीर–वीर पुरुष भेदना–छेद करना	
निरीक्षण कार्य	शिक्षक छात्रों से शब्द-अर्थ उतारने को कहेगा तथा लिखित कार्य का निरीक्षण करेगा।	छात्र शब्द-अर्थ उतारते हैं।
मूल्यांकन प्रश्न	**प्रश्न**–वीर कुँवर सिंह के व्यक्तित्व की कौन-कौन सी विशेषताओं ने आपको प्रभावित किया? **प्रश्न**–सांप्रदायिक सद्भाव में कुँवर सिंह की गहरी आस्था थी-पाठ के आधार पर कथन की पुष्टि कीजिए। **प्रश्न**–पाठ के किन प्रसंगों से आपको पता चलता है कि कुँवर सिंह साहसी, उदार एवं स्वाभिमानी व्यक्ति थे?	छात्र उत्तर देते हैं।

(6) पुनरावृत्ति (Recapitulation)

कुँवर सिंह को बचपन में किन कामों में मजा आता था? क्या उन्हें उन कामों से स्वतंत्रता सेनानी बनने में कुछ मदद मिली?

(7) गृह-कार्य (Home-Work)

- आमतौर पर मेले मनोरंजन, खरीद फरोख्त एवं मेल-जोल के लिए होते हैं। वीर कुँवर सिंह ने मेले का उपयोग किस रूप में किया?
- सन् 1857 के आंदोलन में भाग लेने वाले किन्हीं चार सेनानियों पर दो-दो वाक्य लिखिए।

पाठ योजना 11

(Lesson Plan 11)

विषयः हिंदी (निबंध)	**कक्षाः** VIIIth
उपविषयः 'दहेज प्रथा'	**समयावधिः** 35-40 मिनट
	दिनांकः ....

(1) सामान्य उद्देश्य (General Objective)

- छात्रों के विभिन्न विषयों के ज्ञान की वृद्धि करना।
- छात्रों की विचार एवं तर्कशक्ति का विकास करना।
- छात्रों की रचनात्मक वृत्ति को जागृत करना।
- छात्रों में अस्त-व्यक्त विचारों को एक व्यवस्था देने और उनमें क्रमबद्ध रूप से सोचने की क्षमता विकसित करना।
- छात्रों को शुद्ध, बोधगम्य, ललित एवं प्रभावोत्पादक भाषा में भाव अभिव्यक्त करने के योग्य बनाना और उनकी रचनात्मक प्रवृत्ति का विकास करना।

(2) विशिष्ट उद्देश्य (Specific Objective)

समाज में विद्यमान सामाजिक समस्याओं की ओर छात्रों का ध्यान आकर्षित कराते हुए 'दहेज प्रथा' की समस्या पर विचार करना।

(3) पूर्व ज्ञान (Previous Knowledge)

छात्र विवाह, दहेज आदि की सामान्य जानकारी रखते हैं।

(4) सहायक सामग्री (Teaching Aids)

चॉक, डस्टर, जलती हुई नारी का चित्र इत्यादि।

(5) प्रस्तावना (Introduction)

प्रश्न 1. विवाह होने पर कन्या किसके घर जाती है?

उत्तर–विवाह होने पर कन्या पति के घर जाती है।

प्रश्न 2. कन्या पति के घर, जिस धन व सामान को लेकर जाती है उसे क्या कहते हैं?

उत्तर–कन्या पति के घर, जिस धन व सामान को लेकर आती है उसे दहेज कहते हैं।

प्रश्न 3. आज दहेज समाज में किस रूप में प्रचलित है?

उत्तर–आज दहेज समाज में अभिशाप के रूप में प्रचलित है।

(6) उद्देश्य कथन (Statement of topic)

छात्रों, आज हम समाज में प्रचलित दहेज प्रथा की समस्या पर विचार-विमर्श करेंगे तथा उसके उन्मूलन के लिए सुझाव भी प्रस्तुत करेंगे।

(7) प्रस्तुतीकरण (Presentation)

पाठ्य वस्तु एवं शिक्षण बिंदु	शिक्षक क्रियाएँ	छात्र क्रियाएँ
	अध्यापक कथन: आज का सामाजिक परिवेश अर्थ-प्रधान है। इसलिए मनुष्य धन की ओर अंधाधुंध भाग रहा है। दहेज प्रथा का विकृत रूप इसी मानसिकता का प्रतीक है।	विद्यार्थी ध्यानपूर्वक सुनेंगे।
दहेज प्रथा का आशय	**विकासात्मक प्रश्न:** प्रश्न–**दहेज का प्राचीन अर्थ क्या है?**	उत्तर–**दहेज का प्राचीन अर्थ** कन्या के पिता द्वारा श्रद्धा एवं प्रेम स्वरूप दी गई भेंट है।
	प्रश्न–आधुनिक काल में दहेज का रूप क्या हो गया है?	**उत्तर–दहेज के रूप में** लड़के के पिता द्वारा लड़के पर खर्च धन को ब्याज सहित लिया जाता है।
	अध्यापक कथन: इस प्रकार हमारे सामने दहेज के प्राचीन तथा आधुनिक अर्थ आए। आज अंधी दौड़ तथा विदेशों की नकल ने हमारे पहचान के अर्थ को बदल करके उसे घृणात्मक रूप दे दिया है।	विद्यार्थी ध्यानपूर्वक श्रवण करेंगे।
दहेज एक अभिशाप के रूप में	**विकासात्मक प्रश्न:** प्रश्न–दहेज एक अभिशाप है क्यों?	उत्तर–**क्योंकि दहेज के** कारण कन्याओं के साथ दुर्घटनाएँ होती हैं।

पाठ्य वस्तु एवं शिक्षण बिंदु	शिक्षक क्रियाएँ	छात्र क्रियाएँ
	प्रश्न—दहेज की समस्या को किस वस्तु का लालच बढ़ावा देता है?	**उत्तर**—दहेज की समस्या को धन का लालच बढ़ावा देता है।
	अध्यापक कथनः दहेज के रूप को बिगाड़ने के अनेक कारण हैं— उदाहरणार्थ अपनी ही जाति में विवाह, व्यक्तियों का आधुनिक वस्तुओं के प्रति आकर्षक, लड़की के पिता की अपनी बेटी को अच्छे घर में देने की प्रबल इच्छा इत्यादि।	शिक्षार्थी ध्यानपूर्वक श्रवण करेंगे।
दहेज प्रथा के परिणाम	**विकासात्मक प्रश्नः** **प्रश्न**—लड़की के जीवन पर दहेज के कारण क्या प्रभाव पड़ा है?	**उत्तर**—लड़की के जन्म पर शोक, ताने सुनना, वधू को जिंदा जलाना इत्यादि प्रभाव पड़ रहे हैं।
	प्रश्न—लड़की के पिता पर दहेज के कारण क्या प्रभाव पड़ा है?	**उत्तर**—लड़की के जन्म लेते ही चिंतित होना, रिश्वत लेना, बेटी के हित हेतु दूसरों का बुरा करना आदि।
	प्रश्न—वर के जीवन में दहेज से क्या हानियाँ हुई हैं?	**उत्तर**—सम्मान को ठेस, समाज के जागरूक व्यक्तियों से कड़वे बोल सुनना।
	प्रश्न—वर के पिता के जीवन में दहेज के क्या परिणाम होते हैं?	**उत्तर**—बदनाम होना, बारात वापस होने पर समाज द्वारा लांछित एवं तिरस्कृत होना तथा यदा-कदा राज्य द्वारा दंडित होना।
	अध्यापक कथनः (चित्र की ओर संकेत करके) आप इस	शिक्षार्थी ध्यानपूर्वक चित्र

पाठ्य वस्तु एवं शिक्षण बिंदु	शिक्षक क्रियाएँ	छात्र क्रियाएँ
	चित्र में देख रहे हैं कि किस प्रकार दहेज न मिलने पर कन्या को जला दिया जाता है। हमारे देश में प्रतिदिन 56 मिनट पर एक दहेज हत्या होती है।	देखते हुए सुनेंगे।
	विकासात्मक प्रश्न:	
दहेज प्रथा के समाधान के लिए सुझाव	**प्रश्न**—दहेज की समस्या के समाधान में लड़की क्या भूमिका निभा सकती है?	**उत्तर**—दहेज माँगने वालों से विवाह न करना, आर्थिक स्वावलम्बन इत्यादि।
	प्रश्न—इस समस्या का युवक किस प्रकार समाधान कर सकते हैं?	**उत्तर**—दहेज रहित विवाह, पिता को दहेज न माँगने हेतु तैयार करना, अंतर्जातीय विवाह करना आदि।
	प्रश्न—दहेज की समस्या के समाधान में कन्या के पिता का क्या योगदान हो सकता है?	**उत्तर**—लड़की का अंतर्जातीय विवाह करना, अपने स्तर का वर व घर ढूँढ़ना।
	अध्यापक कथन:	
	दहेज जैसी बुराई को समाप्त करने में सभी को आगे आना पड़ेगा। समाज की गहन समस्याओं को समाप्त करने हेतु समाज के जागरूक व्यक्तियों द्वारा सामूहिक प्रयास किए जाने आवश्यक हैं।	छात्र ध्यानपूर्वक श्रवण करेंगे।
	विकासात्मक प्रश्न:	
सरकारी स्तर पर किए गए प्रयास	**प्रश्न**—हमारी सरकार ने दहेज की समस्या के समाधान के लिए क्या कदम उठाए?	**उत्तर**—सरकार ने दहेज विरोधी कानून बनाया है।
	अध्यापक कथन:	
	हमारी सरकार ने दहेज निषेध अधिनियम 1961 में पारित किया। इसके बाद भी दहेज की समस्या का समाधान न होने पर 2 अक्तूबर 1985 को इस नियम में पुनः आवश्यक संशोधन किया गया।	छात्र ध्यानपूर्वक श्रवण करेंगे।

(8) पुनरावृत्ति (Recapitulation)

किन कारणों से दहेज एक अभिशाप बन गया है?

(9) गृह-कार्य (Home-Work)

दहेज प्रथा पर अपने परिवार के सदस्यों की राय लिखिए।

पाठ योजना 12
(Lesson Plan 12)

विषयः हिंदी (व्याकरण) | **कक्षाः** IXth
उपविषयः 'समास व उसके भेद' | **समयावधिः** 35-40 मिनट
दिनांकः ....

(1) सामान्य उद्देश्य (General Objective)

- व्याकरण के व्यावहारिक पक्ष पर बल देना।
- छात्रों को वाक्यों में विभिन्न शब्दों का स्थान, कार्य एवं पारस्परिक संबंध आदि का ज्ञान कराना।
- शिक्षार्थियों में शुद्ध अभिव्यक्ति और सृजनात्मकता का विकास करना।
- शिक्षार्थियों में शुद्ध भाषा के प्रयोग हेतु व्याकरण के अध्ययन में रुचि विकसित करना।
- शिक्षार्थियों में भाषा के शुद्ध रूप के प्रयोग करने की आदत विकसित करना।

(2) विशिष्ट उद्देश्य (Specific Objective)

शिक्षार्थियों को समास व उसके भेदों से अवगत कराना।

(3) पूर्व ज्ञान (Previous Knowledge)

शिक्षार्थी शब्दों के खंड करने में सक्षम हैं।

(4) सहायक सामग्री (Teaching Aids)

श्यामपट्ट, चॉक, डस्टर, उदाहरण इत्यादि।

(5) प्रस्तावना (Introduction)

शिक्षक एक उदाहरण द्वारा प्रश्न पूछता है–
'गणेश को गजानन कहा जाता है।'

शिक्षक प्रश्न	छात्र उत्तर
प्रश्न–उपरोक्त वाक्य में गजानन शब्द किन शब्दों से मिलकर बना है?	**उत्तर**–गज + आनन
प्रश्न–गज व आनन का अलग-अलग अर्थ बताइए।	**उत्तर**–गज का अर्थ हाथी तथा आनन का अर्थ मुख
प्रश्न–अतः गजानन शब्द का अर्थ क्या हुआ?	**उत्तर**–गज के समान मुख है जिसका।

(6) उद्देश्य कथन (Statement of topic)

छात्रों, आज हम समास के कुछ भेदों का अध्ययन करेंगे।

(7) प्रस्तुतीकरण (Presentation)

पाठ्य वस्तु एवं शिक्षण बिंदु	शिक्षक क्रियाएँ	छात्र क्रियाएँ
कर्मधारय समास	**प्रथम अन्विति नियम निर्धारण की क्रिया:**	
	(1) यह घनश्याम है।	
	(2) यह चंद्रमुखी है।	
	प्रश्न–पहले वाक्य में दो शब्दों के मेल से निर्मित शब्द का विस्तार कीजिए।	**उत्तर**–घनश्याम=घन जैसा श्याम।
	प्रश्न–"वह चंद्रमुख है" में दो शब्दों से निर्मित शब्द का विस्तार कीजिए।	**उत्तर**–चंद्रमुखी=चंद्र जैसा मुख है जिसका।
	प्रश्न–शब्दों के विस्तार में समस्त शब्दों के पहले तथा अंतिम शब्द व्याकरण दृष्टि से क्या हैं?	**उत्तर**–समस्त शब्दों का पहला व अंतिम शब्द व्याकरणिक दृष्टि से क्रमशः विशेषण व संज्ञा है।
	नियम निर्धारण:	
	जहाँ दो शब्दों का मेल इस प्रकार किया जाता है कि विग्रह करने पर पहला शब्द विशेषण और दूसरा शब्द संज्ञा होता है, वहाँ कर्मधारय समास होता है।	शिक्षार्थी ध्यानपूर्वक सुनेंगे और परिभाषा को उत्तर पुस्तिका में लिखेंगे।
मूल्यांकन प्रश्न	(1) राजभवन सुंदर बना हुआ है।	छात्र उत्तर देते हैं।
	(2) वह महापुरुष है।	
	प्रश्न–उपरोक्त वाक्यों में कौन-सा सामासिक पद है?	
	प्रश्न–इन उदाहरणों में कर्मधारय समास क्यों है?	
द्विगु समास	**द्वितीय अन्विति नियम निर्धारण की क्रिया:**	

पाठ्य वस्तु एवं शिक्षण बिंदु	शिक्षक क्रियाएँ	छात्र क्रियाएँ
	(1) पाणिनी ने अष्टाध्यायी की रचना की। (2) शिवजी भगवान त्रिशूलधारी हैं।	
	प्रश्न–उपरोक्त वाक्यों में आए अष्टाध्यायी तथा त्रिशूल शब्दों का विस्तार रूप बताइए।	**उत्तर**–अष्टाध्यायी=आठ अध्यायों का समूह। त्रिशूल= तीन शूलों का समूह।
	प्रश्न–इन दोनों में आपको क्या समानता दृष्टिगोचर हो रही है?	**उत्तर**–दोनों में ही संख्या का बोध हो रहा है।
	नियम निर्धारण: जहाँ प्रथम पद संख्यावाचक हो तथा उससे समूह का बोध हो, वहाँ द्विगु समास होता है।	शिक्षार्थी ध्यानपूर्वक सुनकर परिभाषा को उत्तर पुस्तिका में लिखेंगे।
मूल्यांकन प्रश्न	(1) चौराहे पर देखकर चलना चाहिए। (2) शिव त्रिभुवन भी हैं। **प्रश्न**–इन वाक्यों में कौन-सा सामासिक पद है? **प्रश्न**–यह द्विगु समास क्यों है?	छात्र उत्तर देते हैं।
द्वंद्व समास	**तृतीय अन्विति नियम निर्धारण की क्रिया:** (1) हमें अपना भला-बुरा सोचना चाहिए। (2) सुख-दु:ख जीवन में आते ही रहते हैं। (3) वे दोनों भाई-बहन हैं।	
	प्रश्न–भला-बुरा, सुख-दु:ख भाई-बहन को और किस तरह से लिखा तथा बोला जा सकता है?	**उत्तर**–भला और बुरा, सुख और दु:ख, भाई और बहन।
	प्रश्न–इन वाक्यों में दोनों शब्द महत्त्व की दृष्टि से कैसे हैं?	**उत्तर**–दोनों ही शब्दों का अपना-अपना विशेष महत्त्व है।

पाठ्य वस्तु एवं शिक्षण बिंदु	शिक्षक क्रियाएँ	छात्र क्रियाएँ
	नियम निर्धारण: जहाँ दोनों पद प्रधान होते हैं और विग्रह करते समय दोनों पदों के मध्य 'और' या 'तथा' का प्रयोग होता है, 'वहाँ' द्वंद्व समास होता है।	शिक्षार्थी परिभाषा को उत्तर पुस्तिका में लिखेंगे।
मूल्यांकन प्रश्न	(1) साधु संत सदैव धर्म-कर्म की बातें करते हैं। (2) किसी बात को जीवन-मरण का प्रश्न नहीं बनाना चाहिए। (3) रमेश रात-दिन मेहनत करता है। **प्रश्न**—इन तीनों वाक्यों में कौन-सा समास है? **प्रश्न**—ये द्वंद्व समास क्यों हैं?	छात्र उत्तर देते हैं।

(8) पुनरावृत्ति (Recapitulation)

- राजेश षष्ठ कोण बना रहा है।
- हमें खान-पान पर सदैव ध्यान देना चाहिए।
- अभिषेक करोड़पति है।

प्रश्न—इन वाक्यों में से समास छाँटकर उसका नाम बताइए।

(9) गृह-कार्य (Home-Work)

कर्मधारय, द्विगु तथा द्वंद्व समास के चार-चार उदाहरण छात्र घर से लिखकर लाएँगे।

पाठ योजना 13
(Lesson Plan 13)

विषय: हिंदी (व्याकरण)	**कक्षा:** VIIIth
उपविषय: 'संज्ञा के भेद'	**समयावधि:** 35-40 मिनट
	दिनांक: ....

(1) सामान्य उद्देश्य (General Objective)

- व्याकरण के व्यावहारिक पक्ष पर बल देना।
- शिक्षार्थियों में शुद्ध भाषा के प्रयोग के लिए व्याकरण के अध्ययन में रुचि विकसित करना।
- शिक्षार्थियों में भाषा के शुद्ध रूप के प्रयोग करने की आदत का विकास करना।

(2) विशिष्ट उद्देश्य (Specific Objective)

शिक्षार्थियों को संज्ञा के भेदों से अवगत कराना। उदाहरणार्थ जातिवाचक संज्ञा, व्यक्तिवाचक संज्ञा, भाववाचक संज्ञा है।

(3) पूर्व ज्ञान (Previous Knowledge)

शिक्षार्थी 'संज्ञा' शब्द के अर्थ से परिचित हैं।

(4) सहायक सामग्री (Teaching Aids)

श्यामपट्ट, चॉक, डस्टर, उदाहरण इत्यादि।

(5) प्रस्तावना (Introduction)

- हमारे देश के राष्ट्रपिता गाँधी जी हैं।
- दिल्ली एक बड़ा शहर है।

शिक्षक प्रश्न	छात्र उत्तर
प्रश्न—उपरोक्त वाक्यों में से गाँधी जी, दिल्ली शब्द किसका बोध कराते हैं?	**उत्तर**—उपरोक्त वाक्यों में गाँधी जी व्यक्ति का तथा दिल्ली शब्द का बोध कराते हैं।
प्रश्न—व्यक्ति, वस्तु अथवा स्थान का बोध कराने वाले शब्दों को व्याकरण की भाषा में क्या कहते हैं?	**उत्तर**—किसी व्यक्ति, वस्तु अथवा स्थान का बोध कराने वाले शब्दों को व्याकरण की भाषा में संज्ञा कहते हैं।
प्रश्न—संज्ञा के भेद बताइए।	**उत्तर**—...............

(6) उद्देश्य कथन (Statement of topic)

छात्रों, आज हम संज्ञा के भेदों का अध्ययन करेंगे।

(7) प्रस्तुतीकरण (Presentation)

पाठ्य वस्तु एवं शिक्षण बिंदु	शिक्षक क्रियाएँ	छात्र क्रियाएँ
जातिवाचक संज्ञा	**प्रथम अन्विति: नियम निर्धारण की क्रिया:** (1) ऊँट तेज दौड़ता है। (2) गैंडा एक विशाल जानवर है। (3) मौसमी, सेब, आम इत्यादि फल स्वास्थ्य हेतु लाभदायक होते हैं।	
	प्रश्न—ऊँट, गैंडा, मौसमी, सेब व आम से किसका बोध होता है?	**उत्तर**—ऊँट व गैंडे से पशुओं की विशेष जाति का तथा मौसमी, सेब, आम से फलों की विशेष जाति का बोध होता है।
	नियम निर्धारण: जिन शब्दों से किसी जाति या समूह का ज्ञान होता है उन्हें जाति-वाचक संज्ञा कहते हैं।	छात्र ध्यानपूर्वक श्रवण करेंगे।
मूल्यांकन प्रश्न	(1) हिरनों का झुंड चीते को देखकर जंगल की ओर भागा। (2) बालिका ने भिखारी को पैसे दिए। **प्रश्न**—हिरन, चीता, बालिका तथा भिखारी से किसका बोध होता है? **प्रश्न**—किसी विशेष जाति अथवा समूह के नाम को क्या कहते हैं?	छात्र उत्तर देते हैं।
व्यक्ति वाचक संज्ञा	**द्वितीय अन्विति: नियम निर्धारण की क्रिया:** (1) यमुना एक पवित्र नदी है। (2) रामायण एक महाकाव्य है।	
	प्रश्न—उपरोक्त वाक्यों में यमुना तथा रामायण शब्द व्याकरण की दृष्टि से क्या हैं?	**उत्तर**—उपरोक्त वाक्यों में यमुना तथा रामायण शब्द व्याकरण की दृष्टि से संज्ञा हैं।

पाठ्य वस्तु एवं शिक्षण बिंदु	शिक्षक क्रियाएँ	छात्र क्रियाएँ
	प्रश्न—यमुना व रामायण शब्द से किसका बोध होता है?	**उत्तर**—नदी व काव्य का बोध होता है।
	नियम निर्धारण:	
	जिन शब्दों से किसी विशेष व्यक्ति, स्थान या वस्तु का ज्ञान होता है। उन्हें व्यक्तिवाचक संज्ञा कहते हैं।	छात्र ध्यानपूर्वक श्रवण करेंगे।
मूल्यांकन प्रश्न	(1) महाभारत वेदव्यास द्वारा रचित है। (2) केला एक मीठा फल है। **प्रश्न**—उपरोक्त वाक्यों में महाभारत तथा केला शब्द व्याकरण की दृष्टि से क्या हैं? **प्रश्न**—उपरोक्त शब्दों में व्यक्ति वाचक संज्ञा क्यों है?	छात्र उत्तर देते हैं।
भाव-वाचक संज्ञा	**तृतीय अन्विति: नियम निर्धारण की क्रिया:** (1) आम मीठे हैं। (2) उजाले से अँधेरा नष्ट होता है।	
	प्रश्न—उपरोक्त वाक्यों में मीठे तथा अँधेरा शब्द व्याकरण की दृष्टि से क्या हैं?	**उत्तर**—मीठे तथा अँधेरा शब्द व्याकरण की दृष्टि से संज्ञा हैं।
	प्रश्न—मीठे और अँधेरा शब्द से किसका बोध होता है?	**उत्तर**—मीठे और अँधेरा शब्द से स्वभाव का बोध होता है।
	नियम निर्धारण: जिन संज्ञा शब्दों से किसी व्यक्ति अथवा पदार्थ के गुण, भाव, धर्म आदि का ज्ञान होता है, उन्हें भाववाचक संज्ञा कहते हैं।	
मूल्यांकन प्रश्न	(1) विनम्रता व्यक्तित्व का आवश्यक गुण है। (2) हमें सदैव सच बोलना चाहिए। **प्रश्न**—उपरोक्त वाक्यों में विनम्रता तथा सच शब्द से किसका बोध होता है? **प्रश्न**—भाववाचक संज्ञा किसे कहते हैं?	छात्र उत्तर देते हैं।

(8) पुनरावृत्ति (Recapitulation)

- हमारा राष्ट्रीय पक्षी मोर है।
- केला मीठा होता है।

प्रश्न–उपरोक्त वाक्यों में से संज्ञा शब्दों को छाँटिए।

प्रश्न–उपरोक्त वाक्यों में कौन-कौन सी संज्ञाओं का प्रयोग हुआ है?

प्रश्न–भाववाचक संज्ञा के पाँच उदाहरण दीजिए।

प्रश्न–व्यक्तिवाचक संज्ञा के कोई चार उदाहरण दीजिए।

(9) गृह-कार्य (Home-Work)

छात्र व्यक्तिवाचक, जातिवाचक तथा भाववाचक संज्ञाओं के चार-चार उदाहरण लिखकर लाएँगे।

पाठ योजना 14
(Lesson Plan 14)

विषय: हिंदी (व्याकरण)	**कक्षा:** VIIth
उपविषय: 'संधि तथा उसके भेद'	**समयावधि:** 35-40 मिनट
	दिनांक: ....

(1) सामान्य उद्देश्य (General Objective)
- व्याकरण के व्यावहारिक पक्ष पर बल देना।
- शिक्षार्थियों में शुद्ध भाषा के प्रयोग के लिए व्याकरण के अध्ययन में रुचि विकसित करना।
- शिक्षार्थियों में भाषा के शुद्ध रूप के प्रयोग करने की आदत का विकास करना।

(2) विशिष्ट उद्देश्य (Specific Objective)
- छात्रों को व्याकरण की सहायता से शुद्ध एवं परिमार्जित भाषा को व्यवहार में लाने के लिए समर्थ बनाना।
- छात्रों में नवीन शब्द-निर्माण की क्षमता विकसित करना।
- छात्रों में भाषा तथा उसके अंगों-उपांगों की रचना समझने की योग्यता विकसित करना।
- छात्रों को संधि की परिभाषा से अवगत कराना।
- छात्रों को स्वर-संधि के अंतर्गत दीर्घ-संधि का ज्ञान प्रदान करना।

(3) पूर्व ज्ञान (Previous Knowledge)
छात्र स्वर तथा व्यंजन के भेद को जानते हैं।

(4) सहायक सामग्री (Teaching Aids)
श्यामपट्ट, चॉक, डस्टर, उदाहरण इत्यादि।

(5) प्रस्तावना (Introduction)
हिम + आलय

शिक्षक प्रश्न	छात्र उत्तर
प्रश्न–इसमें पहला पद कौन-सा है?	**उत्तर**–हिम
प्रश्न–दूसरे पद 'आलय' में पहला अक्षर कौन-सा है?	**उत्तर**–आ
प्रश्न–इन शब्दों के मेल से कौन-सा शब्द बनेगा?	**उत्तर**–हिमा
प्रश्न–दो अक्षरों के मेल को क्या कहते हैं?	**उत्तर**–..............

(6) उद्देश्य कथन (Statement of topic)

दो अक्षरों के मेल को संधि कहते हैं। छात्रों, आज हम संधि एवं उसके भेद (स्वर संधि-दीर्घ) का अध्ययन करेंगे और देखेंगे कि भाषा में उनका प्रयोग किस प्रकार होता है?

(7) प्रस्तुतीकरण (Presentation)

शिक्षक श्यामपट्ट पर लिखित कुछ शब्दों को प्रस्तुत करके छात्रों से उनका संधि-विग्रह कराएगा:

हिमालय =
विद्यार्थी =
शिवालय =
कवीन्द्र =
नदीश =

शब्द	विग्रह	नियम
हिमालय	हिम + आलय	अ + आ = आ-हिमालय
विद्यार्थी	विद्या + अर्थी	आ + अ = आ-विद्यार्थी
शिवालय	शिव + आलय	अ + आ = आ-शिवालय
कवीन्द्र	कवि + इन्द्र	इ + इ = ई-कवीन्द्र
नदीश	नदी + ईश	ई + ई = ई-नदीश

जब ह्रस्व स्वर यथा अ, ई, उ तथा ऋ के साथ ये ही ह्रस्व स्वर या दीर्घ (आ, ई, ऊ) होते हैं तब आ, ई, ऊ, ऋ में परिवर्तन हो जाता है। अत: दो समान ह्रस्व या दीर्घ इकट्ठे होने से दोनों मिलकर दीर्घ हो जाते हैं। इस संधि को दीर्घ संधि कहते हैं।

छात्र उक्त शब्दों का संधि विग्रह करेंगे। साथ ही नियमीकरण में शिक्षक को सहयोग देंगे। इस सहयोगी क्रिया में शिक्षक प्रश्न करके उनसे नियम निकलवाएगा। इसके पश्चात्, छात्र दीर्घ-संधि की परिभाषा एवं नियम को लिखेंगे।

शिक्षक श्यामपट्ट पर लिखित कुछ वाक्य प्रस्तुत करके प्रश्न करेगा:

(1) महीन्द्र पुस्तक खरीदने के लिए बाजार गया।
(2) परमार्थ ईश्वर प्राप्ति का महत्त्वपूर्ण साधन माना जाता है।
(3) मुनीन्द्र की विद्याभ्यास की महतीच्छा है।
(4) पितृण का निर्वाह प्रत्येक हिंदू का कर्त्तव्य है।

प्रश्न—प्रथम वाक्य में संधि शब्द कौन-कौन से हैं? (महीन्द्र)
प्रश्न—द्वितीय वाक्य में संधि शब्द कौन-सा है? (परमार्थ)
प्रश्न—तृतीय वाक्य में संधि शब्द कौन-कौन से हैं? (मुनीन्द्र, विद्याभ्यास, महतीच्छा)
प्रश्न—चतुर्थ वाक्य में संधि-शब्द कौन-सा है? (पितृण)

शिक्षक इन शब्दों का संधि विग्रह कराएगा। इसके पश्चात् उनसे इन विग्रह किए गए शब्दों को जोड़ने के लिए कहेगा।

शब्द	विग्रह
महीन्द्र	महि + इन्द्र
परमार्थ	परम + अर्थ
मुनीन्द्र	मुनि + इन्द्र
विद्याभ्यास	विद्या + अभ्यास
महतीच्छा	महति + इच्छा
पितृण	पितृ + ऋण

प्रश्न—महि + इन्द्र के योग से कौन-सा शब्द बनेगा? (महीन्द्र)
प्रश्न—इनमें कौन-कौन से ह्रस्व स्वर आए हैं? (इ + इ)
प्रश्न—परम + अर्थ के योग से कौन-सा शब्द बनेगा? (परमार्थ)
प्रश्न—इनमें कौन-कौन से ह्रस्व स्वर आए हैं? (अ + अ)
प्रश्न—मुनि + इन्द्र के योग से कौन-सा शब्द बनेगा? (मुनीन्द्र)
प्रश्न—इनमें कौन-कौन से ह्रस्व स्वर आए हैं? (इ + इ)
प्रश्न—विद्या + अभ्यास के योग से कौन-सा शब्द बनेगा? (विद्याभ्यास)
प्रश्न—इनमें कौन-कौन से ह्रस्व स्वर आए हैं? (आ + अ)
प्रश्न—महति + इच्छा के योग से कौन-सा शब्द बनेगा? (महतीच्छा)
प्रश्न—इनमें कौन-कौन से ह्रस्व स्वर आए हैं? (इ + इ)
प्रश्न—पितृ + ऋण के योग से कौन-सा शब्द बनेगा? (पितृण)
प्रश्न—इनमें कौन-कौन से ह्रस्व स्वर आए हैं? (ऋ + ऋ)

(8) पुनरावृत्ति (Recapitulation)

शिक्षक छात्रों से निम्नांकित प्रश्न करेगा। छात्र उनका उत्तर देंगे।
प्रश्न—संधि किसे कहते हैं?
प्रश्न—दीर्घ संधि को अपने शब्दों में परिभाषित कीजिए।
प्रश्न—इ + इ मिलकर कौन-से दीर्घ स्वर को बनाते हैं?
प्रश्न—अ + आ मिलकर कौन-सा दीर्घ स्वर बनता है?
प्रश्न—उ + उ मिलकर कौन-सा दीर्घ स्वर बनता है?
प्रश्न—श्यामपट्ट के रिक्त स्थानों की पूर्ति कीजिए:

(1) महि + ... = महीश्वर
(2) भानु + ... = भानूदय
(3) लघु + ... = लघूर्मि
(4) कपि + ... = कपीश

(9) गृह-कार्य (Home-Work)

पाँच ऐसे वाक्य बनाइए जिनमें प्रत्येक के अंतर्गत दो दीर्घ संधि के शब्दों का समावेश हो एवं उनका विग्रह भी कीजिए।

पाठ योजना 15
(Lesson Plan 15)

विषय: हिंदी (व्याकरण) **कक्षा:** VIIth
उपविषय: 'कारकों के भेद' **समयावधि:** 35-40 मिनट
दिनांक: ....

(1) सामान्य उद्देश्य (General Objective)

- व्याकरण के व्यावहारिक पक्ष पर बल देना।
- शिक्षार्थियों में शुद्ध भाषा के प्रयोग के लिए व्याकरण के अध्ययन में रुचि विकसित करना।
- शिक्षार्थियों में भाषा के शुद्ध रूप के प्रयोग करने की आदत का विकास करना।

(2) विशिष्ट उद्देश्य (Specific Objective)

छात्रों को कारकों के भेदों से अवगत कराना।

(3) पूर्व ज्ञान (Previous Knowledge)

छात्र संज्ञा तथा सर्वनाम के विषय में अध्ययन कर चुके हैं।

(4) सहायक सामग्री (Teaching Aids)

श्यामपट्ट, चॉक, डस्टर, उदाहरण इत्यादि।

(5) प्रस्तावना (Introduction)

शिक्षक प्रश्न	छात्र उत्तर
प्रश्न—वाक्य 'कलकत्ता एक बड़ा शहर है' में कलकत्ता किसका बोध करता है?	**उत्तर**—स्थान का बोध करता है।
प्रश्न—व्यक्ति, वस्तु अथवा स्थान का बोध कराने वाले शब्दों को व्याकरण की भाषा में क्या कहते हैं?	**उत्तर**—संज्ञा।
प्रश्न—कारक किसे कहते हैं?	**उत्तर**—................

(6) उद्देश्य कथन (Statement of topic)

छात्रों, आज हम कारक तथा उसके विभिन्न भेदों की चर्चा करेंगे।

(7) प्रस्तुतीकरण (Presentation)

पाठ्य वस्तु एवं शिक्षण बिंदु	शिक्षक क्रियाएँ	छात्र क्रियाएँ
कारक	संज्ञा या सर्वनाम के उस रूप को कारक कहते हैं, जिस रूप से वाक्य के शब्दों के साथ उसका संबंध प्रकट होता है और क्रिया की उत्पत्ति में सहायक हो। जैसे–"मोहन ने सोहन को स्कूल में डंडे से मारा" इस वाक्य में मोहन ने, सोहन को, स्कूल में, डंडे से, ये संज्ञाओं का आपस में और मारा क्रिया से संबंध प्रकट होता है। अत: ये सब कारक हैं। कारक को सूचित/प्रकट करने के लिए संज्ञा या सर्वनाम के साथ कुछ चिह्नों (ने, से, का आदि) का प्रयोग किया जाता है, उन्हें 'विभक्ति' कहते हैं। विभक्ति रहित को शब्द और विभक्ति सहित को पद कहते हैं। हिंदी में आठ कारक हैं, जिनके नाम तथा चिह्न इस प्रकार हैं: **कारक विभक्ति चिह्न** कर्त्ता : ने कर्म : को करण : से संप्रदान : से, के द्वारा, के साथ, के लिए अपादान : से (पृथकत्व बोधक, जुदाई) संबंध : का, के की, रा, रे, री, ना, नी, रे अधिकरण : में, पर संबोधन : हे, रे, अरे, अजी, अहो	छात्र ध्यानपूर्वक सुनते हैं फिर अपनी कार्य पुस्तिका में लिखते हैं।

पाठ्य वस्तु एवं शिक्षण बिंदु	शिक्षक क्रियाएँ	छात्र क्रियाएँ
कर्त्ता	संज्ञा अथवा सर्वनाम के जिस रूप से क्रिया के करने वाले का बोध हो, उसे कर्त्ता कहते हैं। जैसे अर्जुन ने कर्ण को मारा यहाँ मारने की क्रिया को करने वाला 'अर्जुन' है। अतः "अर्जुन ने" कर्त्ता कारक है।	छात्र ध्यानपूर्वक सुनते हैं फिर अपनी कार्य पुस्तिका में लिखते हैं।
कर्म	संज्ञा या सर्वनाम का वह रूप जो उस वस्तु का बोध कराए जिस पर कर्त्ता के व्यापार का फल पड़ता हो, उसे कर्म कारक कहते हैं–जैसे अर्जुन ने कर्ण को मारा। यहाँ अर्जुन के मारने के व्यापार का फल कर्ण पर पड़ता है। अतः "कर्ण को" कर्मकारक है।	छात्र ध्यानपूर्वक सुनते हैं फिर अपनी कार्य पुस्तिका में लिखते हैं।
करण	संज्ञा का वह रूप जिससे क्रिया के साधन का बोध हो उसे करण कारक कहते हैं। जैसे–"अर्जुन ने कर्ण को तीर से मारा।" यहाँ कर्ण के मारने का साधन तीर है। अतः "तीर" करण कारक है।	छात्र ध्यानपूर्वक सुनते हैं फिर अपनी कार्य पुस्तिका में लिखते हैं।
संप्रदान	जिसके लिए क्रिया की जाती है, उसका बोध कराने वाले संज्ञा या सर्वनाम के रूप को संप्रदान कारक कहते हैं। जैसे–अर्जुन ने अधर्म के नाश के लिए कर्ण को मारा।" यहाँ "अधर्म के नाश के लिए" संप्रदान कारक है।	छात्र ध्यानपूर्वक सुनते हैं फिर अपनी कार्य पुस्तिका में लिखते हैं।
अपादान	संज्ञा या सर्वनाम के जिस रूप से पृथकत्व (जुदाई) का बोध हो उसे अपादान कारक कहते हैं। जैसे–"अर्जुन का तीर लगते ही कर्ण रथ से गिर पड़ा" यहाँ "रथ से" अपादान कारक है। इसके अतिरिक्त अपादान कारक आरंभ, लगना, भय और लज्जा के अर्थों में प्रयुक्त होता है। जैसे–मैं कल से पढ़ूँगा (आरंभ)।	छात्र ध्यानपूर्वक सुनते हैं फिर अपनी कार्य पुस्तिका में लिखते हैं।

पाठ्य वस्तु एवं शिक्षण बिंदु	शिक्षक क्रियाएँ	छात्र क्रियाएँ
संबंध	संज्ञा का जो रूप एक वस्तु का दूसरी वस्तु से संबंध प्रकट करे, उसे संबंध कारक कहते हैं। "अर्जुन का" "भीम का गदा"। यहाँ 'अर्जुन का' और 'भीम का' संबंध कारक है।	छात्र ध्यानपूर्वक सुनते हैं फिर अपनी कार्य पुस्तिका में लिखते हैं।
अधिकरण	संज्ञा के जिस रूप से क्रिया के आधार का बोध हो उसे अधिकरण कारक कहते हैं। जैसे–"अर्जुन ने कर्ण को रणभूमि में मारा।" यहाँ मारने की क्रिया का आधार रणभूमि है। अतः "रणभूमि में" अधिकरण कारक है।	छात्र ध्यानपूर्वक सुनते हैं फिर अपनी कार्य पुस्तिका में लिखते हैं।
संबोधन	संज्ञा का जो रूप चेतावनी अथवा किसी को पुकारने का सूचक हो, जैसे–"प्रभो! हमें निर्भय बनाओ।" इस वाक्य में प्रभु को संबोधित किया गया है। अतः यहाँ "प्रभो" संबोधन कारक है।	छात्र ध्यानपूर्वक सुनते हैं फिर अपनी कार्य पुस्तिका में लिखते हैं।
मूल्यांकन प्रश्न	**प्रश्न**–कारक किसे कहते हैं?	छात्र उत्तर देते हैं।
	प्रश्न–करण तथा अपादान कारक में क्या भेद है?	छात्र उत्तर देते हैं।

(8) पुनरावृत्ति (Recapitulation)

- कारक किसे कहते हैं? उदाहरण देकर स्पष्ट कीजिए।
- हिंदी में कारक कितने हैं, उनके नाम, लक्षण, चिह्न और उदाहरण भी लिखिए।

(9) गृह-कार्य (Home-Work)

कोष्ठांकित शब्दों के कारक कोष्ठक में लिखिए।

(क) (राम ने मोहन से) कहा। ( )

(ख) चपरासी (के हाथ में मेरी पुस्तक) भेज देना। ( )

(ग) अनाथों (की सहायतार्थ) कुछ दीजिए। ( )

(घ) (आपने) यह बात (किस से) सुनी? ( )

(ङ) (आपको) इससे क्या मतलब? ( )

(च) (सखि!) चिंता मत करो। ( )

पाठ योजना 16
(Lesson Plan 16)

विषय: हिंदी (व्याकरण)	**कक्षा:** X^{th}
उपविषय: 'अलंकार' (शब्दालंकार)	**समयावधि:** 35-40 मिनट
	दिनांक: ....

(1) सामान्य उद्देश्य (General Objective)

- व्याकरण के व्यावहारिक पक्ष पर बल देना।
- शिक्षार्थियों में शुद्ध भाषा के प्रयोग के लिए व्याकरण के अध्ययन में रुचि विकसित करना।
- शिक्षार्थियों में भाषा के शुद्ध रूप के प्रयोग करने की आदत का विकास करना।

(2) विशिष्ट उद्देश्य (Specific Objective)

छात्रों को शब्दालंकार तथा उसके भेदों से अवगत कराना।

(3) पूर्व ज्ञान (Previous Knowledge)

छात्र काव्य तथा अलंकार (आभूषण) क्या होते हैं, जानते हैं।

(4) सहायक सामग्री (Teaching Aids)

श्यामपट्ट, चॉक, डस्टर, उदाहरण इत्यादि।

(5) प्रस्तावना (Introduction)

शिक्षक प्रश्न	छात्र उत्तर
प्रश्न—काव्य किसे कहते हैं?	**उत्तर**—काव्य, कविता या पद्य, साहित्य की वह विधा है जिसमें किसी कहानी या मनोभाव को कलात्मक रूप से किसी भाषा के द्वारा अभिव्यक्त किया जाता है।
प्रश्न—आभूषण क्या होते हैं?	**उत्तर**—आभूषण का प्रयोग मुख्यत: महिलाएँ अपने को सँवारने में करती रही हैं। ये मुख्यत: धातुओं के बने होते हैं।
प्रश्न—अगर काव्यों की सुंदरता को निखारना होता है तो कवि क्या करते हैं?	**उत्तर**—................
प्रश्न—अलंकार (काव्यशास्त्र में) क्या होते हैं?	**उत्तर**—................

(6) उद्देश्य कथन (Statement of topic)

छात्रों, आज हम अलंकार क्या होते हैं तथा उनका काव्यशास्त्र में क्या प्रयोग है, की चर्चा करेंगे।

(7) प्रस्तुतीकरण (Presentation)

पाठ्य वस्तु एवं शिक्षण बिंदु	शिक्षक क्रियाएँ	छात्र क्रियाएँ
अलंकार	शब्द तथा अर्थ की उस विशेषता को अलंकार कहते हैं, जिससे काव्य का श्रृंगार होता है। शब्द और अर्थ काव्य के शरीर, रस, आत्मा और अलंकार कंकण, कुंडल आदि आभूषणों के समान हैं। इसी से हम अलंकारों का काव्य में स्थान निश्चित कर सकते हैं। शब्द और अर्थ काव्य के शरीर हैं, ऐसा कहा गया है। इसलिए साहित्यकारों ने अलंकारों के दो मुख्य भेद किए हैं: **(1) शब्दालंकार, (2) अर्थालंकार** किंतु आज हम सिर्फ शब्दालंकार तथा उसके भेदों की चर्चा करेंगे।	छात्र ध्यानपूर्वक सुनते हैं फिर अपनी पुस्तिका में लिखते हैं।
शब्दालंकार	जहाँ शब्दों में सौंदर्य हो, वहाँ शब्दालंकार होता है। शब्दालंकार की पूरी पहचान यह होगी कि यदि अलंकार वाले शब्द के बदले उसका पर्यायवाची शब्द रख दें, तो सुंदरता समाप्त हो जाएगी, जैसे– 'हिंस्र निशाचर, भूधर कन्दर पशु संकुल।' यहाँ 'र' की अनेक बार आवृत्ति होने से सुंदरता बढ़ गई। परंतु यदि यहाँ पर्यायवाची शब्द रख दें तो यह सुंदरता समाप्त हो जाएगी। जैसे–	छात्र ध्यानपूर्वक सुनते हैं फिर अपनी पुस्तिका में लिखते हैं।

पाठ्य वस्तु एवं शिक्षण बिंदु	शिक्षक क्रियाएँ	छात्र क्रियाएँ
	सब ने रानी की ओर अचानक देखा, वैधव्य तुषारावृता यथा विधु-रेखा। इसका अर्थ यह है कि सबने रानी की ओर अचानक आँख उठाकर देखा। उसके शरीर पर विधवापन के चिह्न रूप सफेद कपड़े थे जिन्हें देखकर ऐसा प्रतीत होता था जैसे कुहरे से ढकी हुई चंद्रमा की कला हो। यहाँ वैधव्य में तुषार का आरोप किया गया है और रानी की चंद्रकला से तुलना की गई है। इससे काव्य में सौंदर्य आ गया है। अब चाहे हम इन शब्दों के बदले पर्यायवाची शब्द भी रख दें तो भी यह चमत्कार बना ही रहेगा। यही अर्थालंकार का शब्दालंकार से अंतर (भेद) है। पर्यायवाची शब्द रखकर देखिए चमत्कार में कोई अंतर नहीं पड़ेगा– **"सब ने रानी की ओर अचानक देखा वैधव्य कुहरा आच्छादित ज्यों शशि रेखा।"** शब्दालंकार के निम्नलिखित मुख्य भेद हो सकते हैं–अनुप्रास, यमक, श्लेष, वक्रोक्ति।	
अनुप्रास	स्वर के भेद होने पर व्यंजनों की आवृत्ति को 'अनुप्रास' कहते हैं। उदाहरण– **इस असार संसार में, सार चार कह व्यास। गंग-सलिल, सतसंग, सिव-सेवन कासी-बास॥**	छात्र ध्यानपूर्वक सुनते हैं फिर अपनी पुस्तिका में लिखते हैं।
यमक	जहाँ शब्दों, शब्दांशों या वाक्यांशों की आवृत्ति हो; किंतु उनके अर्थ भिन्न हों, वहाँ यमक अलंकार होता है। उदाहरण–	छात्र ध्यानपूर्वक सुनते हैं फिर अपनी पुस्तिका में लिखते हैं।

पाठ्य वस्तु एवं शिक्षण बिंदु	शिक्षक क्रियाएँ	छात्र क्रियाएँ
	बस न हमारो करहु बस, बस, अब राखहु लाज। **बसन देहु ब्रज में हमें, बसन देहु ब्रजराज॥**	
श्लेष	जहाँ एक ही बार प्रयुक्त हुए किसी शब्द के दो या दो से अधिक अर्थ निकलें वहाँ श्लेष अलंकार होता है। **सब गुरुजन को बुरा बतावै,** **अपनी खिचड़ी अलग पकावै,** **भीतर तत्त्व न, झूठी तेजी,** **क्यों सखि साजन, नहिं अंग्रेजी।**	छात्र ध्यानपूर्वक सुनते हैं फिर अपनी पुस्तिका में लिखते हैं।
वक्रोक्ति	जहाँ किसी उक्ति में, वक्ता ने किसी अन्य अभिप्राय से, शब्द का प्रयोग किया हो, परंतु श्रोता उससे किसी अन्य ही अर्थ की कल्पना कर लें वहाँ 'वक्रोक्ति' अलंकार होता है। वक्रोक्ति के दो भेद हैं–काकु वक्रोक्ति, श्लेष वक्रोक्ति। काकु वक्रोक्ति में कंठ-ध्वनि के विकार से विचित्र-सा उच्चारण होता है। उदाहरण– **एक कह्यो 'वर देव भव, भाव चाहिए चित्त।'** **सुनि कह कोउ-'भोले भवहिं, भाव चाहिए? मित्त॥'** **भावार्थ**–किसी ने कहा–शिवजी वर तो देते हैं; किंतु चित्त में भक्ति-भाव होना चाहिए। तो दूसरे ने उत्तर दिया कि उस भोले बाबा शंकर को भी भक्ति-भाव की आवश्यकता है? अर्थात् नहीं। वे तो भोले हैं, जरा-सी बात से प्रसन्न हो जाते हैं, उनसे वर प्राप्त करने के लिए	छात्र ध्यानपूर्वक सुनते हैं फिर अपनी पुस्तिका में लिखते हैं।

पाठ्य वस्तु एवं शिक्षण बिंदु	शिक्षक क्रियाएँ	छात्र क्रियाएँ
	भक्ति-भाव की आवश्यकता नहीं। यह बात काकु (कंठ-ध्वनि के विकार) से कही गई है; अतः इसे 'काकु वक्रोक्ति' भी कहते हैं।	
मूल्यांकन प्रश्न	**प्रश्न**—यमक अलंकार से आप क्या समझते हैं?	छात्र उत्तर देते हैं।
	प्रश्न—श्लेष अलंकार कहाँ होते हैं?	छात्र उत्तर देते हैं।

(8) पुनरावृत्ति (Recapitulation)

अलंकार क्या हैं? उदाहरण देकर स्पष्ट कीजिए।

(9) गृह-कार्य (Home-Work)

- निम्नलिखित अलंकारों की परिभाषा लिखकर उदाहरण दीजिए:
  अनुप्रास, श्लेष, यमक।
- निम्नलिखित पद्यों में अलंकार बताइए और उन पर लक्षणों को घटाइए:

(क) पूत कपूत तो का धन संचय।
पूत सपूत तो का धन संचय।।

(ख) गोरे मुख पर स्याम तिल लागत अति अभिराम।
मानहु चंद्र बिछाइ के पौढ़े सालिगराम।।

पाठ योजना 17
(Lesson Plan 17)

'चिट्ठी'

चिट्ठी में है मन का प्यार
चिट्ठी है घर का अखबार
इस में सुख-दुख की हैं बातें
प्यार भरी इस में सौगातें
कितने दिन कितनी ही रातें
तय कर आई मीलों पार।

यह आई मम्मी की चिट्ठी
लिखा उन्होंने प्यारी किट्टी
मेहनत से तुम पढ़ना बेटी
पढ़-लिखकर होगी होशियार।
पापा पोस्ट कार्ड लिखते हैं।
घने-घने अक्षर दिखते हैं।

जब आता है बड़ा लिफाफा
समझो चाचा का उपहार।
छोटा-सा कागज बिन पैर
करता दुनिया भर की सैर
नए-नए संदेश सुनाकर
जोड़ रहा है दिल के तार।

–प्रकाश मनु

विषय: हिंदी (कविता)	**कक्षा:** VIth
उपविषय: 'चिट्ठी'	**समयावधि:** 35-40 मिनट
	दिनांक: ....

(1) सामान्य उद्देश्य (General Objective)

- छात्रों के विभिन्न विषयों के ज्ञान की वृद्धि करना।
- छात्रों की विचार एवं तर्कशक्ति का विकास करना।
- छात्रों की रचनात्मक वृत्ति को जागृत करना।
- छात्रों में अस्त-व्यक्त विचारों को एक व्यवस्था देने और उनमें क्रमबद्ध रूप से सोचने की क्षमता विकसित करना।
- छात्रों को शुद्ध, बोधगम्य, ललित एवं प्रभावोत्पादक भाषा में भाव अभिव्यक्त करने के योग्य बनाना और उनकी रचनात्मक प्रवृत्ति का विकास करना।

(2) विशिष्ट उद्देश्य (Specific Objective)

छात्रों को प्रकाश मनु द्वारा रचित कविता 'चिट्ठी' की रसानुभूति कराना तथा उस पर आधारित प्रश्नों के उत्तर देने में समर्थ करना।

(3) पूर्व ज्ञान (Previous Knowledge)

छात्र चिट्ठी शब्द से परिचित हैं।

(4) सहायक सामग्री (Teaching Aids)

श्यामपट्ट, चॉक, डस्टर इत्यादि।

(5) प्रस्तावना (Introduction)

शिक्षक प्रश्न	छात्र उत्तर
प्रश्न—बच्चों चिट्ठी क्या होती है?	**उत्तर**—जिसमें हम संदेश लिखते हैं।
प्रश्न—चिट्ठी हमें कौन लाकर देता है?	**उत्तर**—डाकिया।
प्रश्न—चिट्ठी प्राप्त होने पर हमें कैसा महसूस होता है?	**उत्तर**—अच्छा लगता है।
प्रश्न—क्या आपने प्रकाश मनु द्वारा रचित 'चिट्ठी' कविता पढ़ी है?	**उत्तर**—नहीं

(6) उद्देश्य कथन (Statement of topic)

छात्रों, आज हम प्रकाश मनु द्वारा रचित कविता 'चिट्ठी' की रसानुभूति करेंगे।

(7) प्रस्तुतीकरण (Presentation)

पाठ्य वस्तु एवं शिक्षण बिंदु	शिक्षक क्रियाएँ	छात्र क्रियाएँ
"चिट्ठी में.................. दिल के तार।"	अध्यापक उचित आरोह, अवरोह एवं उच्चारण के साथ आदर्श वाचन करेगा तथा कविता का भावार्थ बतलाएगा। **भावार्थ:** चिट्ठी में मन का प्यार है। वह घर का अखबार भी है। इसमें सुख-दुख की बातें और प्यार भरी सौगातें होती हैं। चिट्ठी मीलों दूर पहुँच जाती है। मम्मी की चिट्ठी आई है। उन्होंने लिखा है कि प्यारी बिटिया किट्टी तुम मेहनत से पढ़ना-लिखना। पढ़-लिखकर तुम होशियार हो जाओगी। पापा पोस्टकार्ड में घर भर की बातें लिखकर भेजते हैं। जब बड़ा लिफाफा आता है तो समझो चाचा का उपहार आ गया। छोटा-सा कागज बिना हाथ पैर के दुनिया की सैर करता है। नए-नए संदेश सुनाकर चिट्ठी दिल के तारों को जोड़ती है। **शब्दार्थ:** चिट्ठी–पत्र, खत सौगात–उपहार अखबार–समाचार पत्र लिफाफा–कागज की थैली जिसमें रखकर पत्र भेजा जाता है। होशियार–चतुर, चालाक उपहार–भेंट संदेश–विशेष खबर	छात्र ध्यानपूर्वक सुनते हैं।

पाठ्य वस्तु एवं शिक्षण बिंदु	शिक्षक क्रियाएँ	छात्र क्रियाएँ
निरीक्षण कार्य	शिक्षक छात्रों को शब्द-अर्थ उतारने का आदेश देगा तथा लिखित कार्य का निरीक्षण करेगा।	छात्र शब्द-अर्थ उतारेंगे।
मूल्यांकन प्रश्न	**प्रश्न**—चिट्ठी को घर का अखबार क्यों कहा गया है? **प्रश्न**—मम्मी ने चिट्ठी में क्या लिखा है?	**उत्तर**—छात्र उत्तर देते हैं।

(8) पुनरावृत्ति (Recapitulation)

चिट्ठी बिना पैर, दुनिया की सैर कैसे कर लेती है?

(9) गृह-कार्य (Home-Work)

- **कविता की पंक्तियाँ पूरी कीजिए:**

  (क) चिट्ठी में है मन का प्यार ....

  (ख) मेहनत से तुम पढ़ना बेटी ....

  (ग) छोटा-सा कागज बिन पैर ....

- **समान अर्थ वाले शब्दों को रेखा खींचकर मिलाइए।**

  मेहनत — भ्रमण
  सैर — भेंट
  होशियार — परिश्रम
  सौगात — चतुर
  पत्र — चिट्ठी

- **निम्नलिखित शब्दों का अपने वाक्यों में प्रयोग कीजिए।**

  सैर ....

  संदेश ....

  उपहार ....

पाठ योजना 18
(Lesson Plan 18)

विषय: हिंदी (पत्र लेखन) **कक्षा:** VIIIth
उपविषय: 'छुट्टी के लिए प्रार्थना पत्र' **समयावधि:** 35-40 मिनट
दिनांक: ....

(1) सामान्य उद्देश्य (General Objective)

- छात्रों के विभिन्न विषयों के ज्ञान की वृद्धि करना।
- छात्रों की विचार एवं तर्कशक्ति का विकास करना।
- छात्रों की रचनात्मक वृत्ति को जागृत करना।
- छात्रों में अस्त-व्यक्त विचारों को एक व्यवस्था देने और उनमें क्रमबद्ध रूप से सोचने की क्षमता विकसित करना।
- छात्रों को शुद्ध, बोधगम्य, ललित एवं प्रभावोत्पादक भाषा में भाव अभिव्यक्त करने के योग्य बनाना और उनकी रचनात्मक प्रवृत्ति का विकास करना।

(2) विशिष्ट उद्देश्य (Specific Objective)

छात्रों को छुट्टी के लिए 'प्रार्थना पत्र' लिखना सिखाना।

(3) पूर्व ज्ञान (Previous Knowledge)

छात्र 'पत्र लेखन' क्या होता है, जानते हैं।

(4) सहायक सामग्री (Teaching Aids)

श्यामपट्ट, चॉक, डस्टर इत्यादि।

(5) प्रस्तावना प्रश्न (Introduction)

शिक्षक प्रश्न	छात्र उत्तर
प्रश्न—पत्र से आप क्या समझते हैं?	**उत्तर**—जब हम अपना संदेश किसी कागज पर लिखकर दूसरों तक पहुँचाते हैं तो वह पत्र कहलाता है।
प्रश्न—पत्र कितने प्रकार के होते हैं?	**उत्तर**—निजी पत्र, व्यापारिक पत्र, प्रार्थना पत्र।
प्रश्न—प्रार्थना पत्र क्या होता है?	**उत्तर**—जब हम किसी से प्रार्थना करने के लिए पत्र लिखते हैं तो ऐसे पत्रों को प्रार्थना पत्र कहते हैं।
प्रश्न—क्या आप प्रार्थना पत्र लिखना जानते हैं?	**उत्तर**—........................

(6) उद्देश्य कथन (Statement of topic)

छात्रों, आज हम छुट्टी के लिए प्रार्थना पत्र लिखना सीखेंगे।

(7) प्रस्तुतीकरण (Presentation)

पाठ्य वस्तु एवं शिक्षण बिंदु	शिक्षक क्रियाएँ	छात्र क्रियाएँ
प्रार्थना पत्र के भाग	शिक्षक श्यामपट्ट पर एक प्रार्थना पत्र का प्रारूप लिखेगा: सेवा में, प्रधानाचार्य महोदय/महोदया जी.पी.एच. स्कूल नई दिल्ली। दिनांक............... विषय–छुट्टी के लिए प्रार्थना पत्र अभिवादन प्रिय महोदय/महोदया विषय वस्तुः सविनय निवेदन है कि........................ .... प्रमाणीकरण धन्यवाद आपका आज्ञाकारी शिष्य/शिष्या आगे शिक्षक निम्न निर्देश देगा– (1) सबसे पहले हम स्कूल का पता लिखते हैं। (2) फिर दिनांक तथा विषय लिखते हैं। (3) फिर सत्कार या अभिवादन लिखते हैं। (4) फिर अपना संदेश या विषय-वस्तु लिखते हैं। (5) आखिर में प्रमाणीकरण	छात्र अपनी पुस्तिका में उतारेंगे।

पाठ्य वस्तु एवं शिक्षण बिंदु	शिक्षक क्रियाएँ	छात्र क्रियाएँ
प्रार्थना पत्र की विषय वस्तु	शिक्षक श्यामपट्ट पर छुट्टी के लिए एक प्रार्थना पत्र लिखता है: सेवा में, प्रधानाध्यापक जी जी.पी.एच. स्कूल नई दिल्ली। दिनांक .... **विषय: छुट्टी के लिए प्रार्थना पत्र** प्रिय महोदय/महोदया सविनय निवेदन यह है कि मेरा नाम राहुल है और मैं आपके स्कूल की आठवीं कक्षा का छात्र हूँ। मुझे कल रात से तेज बुखार है जिस कारण मैं स्कूल आने में असमर्थ हूँ, कृप्या मुझे दो दिन का अवकाश देने की कृपा करें। धन्यवाद आपका आज्ञाकारी शिष्य राहुल कक्षा-8-A	छात्र अपनी पुस्तिका में लिखेंगे।

(8) पुनरावृत्ति (Recapitulation)

अपने स्कूल के मुख्याध्यापक जी की सेवा में फीस माँफी के लिए प्रार्थना पत्र लिखिए।

(9) गृह-कार्य (Home-Work)

मान लीजिए आपको दो दिन के लिए वाराणसी शादी में जाना है। शादी में जाने के लिए अपने स्कूल के मुख्याध्यापक जी को एक प्रार्थना पत्र लिखिए।

पाठ योजना 19
(Lesson Plan 19)

विषय: हिंदी	**कक्षा:** IXth
उपविषय: 'सूरदास के पद'	**समयावधि:** 35-40 मिनट
	दिनांक: ....

(1) सामान्य उद्देश्य (General Objective)

- काव्यात्मक सौंदर्य की अनुभूति करना व काव्य में रुचि उत्पन्न करना।
- काव्यगत लय, ताल, भाव से छात्रों को अवगत कराना।
- काव्य शक्ति और कल्पना शक्ति का विकास करना।
- रस व भाव को अनुभव करने की प्रेरणा देना।
- कवि के भावों को ग्रहण करना व उनकी अपने शब्दों में व्याख्या करना।

(2) विशिष्ट उद्देश्य (Specific Objective)

- सूरदास द्वारा रचित पद 'सूरदास के पद' का रसास्वादन कराना।
- पद में किस प्रकार बालकृष्ण की लीला और नटखट बातचीत को दर्शाया गया है—यह बताना।
- पद में श्रीकृष्ण भगवान किस शर्त पर दुग्ध सेवन के लिए तैयार हुए, उनकी बात सुलभ इच्छा से अवगत कराना।
- प्रस्तुत पदों के माध्यम से बाल-मानसिकता का चित्रण करना।
- प्रस्तुत पदों के माध्यम से माँ और पुत्र के मध्य होने वाले संवादों से परिचित कराना।
- माता किस प्रकार बहला-फुसलाकर किसी चीज का लोभ देकर बच्चों को दूध या अन्य चीजों के लिए तैयार करवा लेती है, इसका वर्णन करना।
- सूरदास किस प्रकार के कवि हैं, उनकी साहित्यिक विशेषताओं से परिचित कराना।

(3) सहायक सामग्री (Teaching Aids)

श्यामपट्ट, चॉक, डस्टर इत्यादि।

(4) पूर्व ज्ञान (Previous Knowledge)

- छात्रों से पूछना कि उन्होंने इससे पूर्व कभी सूरदास जी के पदों को पढ़ा है?
- श्रीकृष्ण के जीवन से जुड़ी कुछ घटनाओं पर अति संक्षिप्त चर्चा करना।

(5) प्रस्तावना (Introduction)

भक्तिकाल के प्रमुख आधार स्तंभों में कृष्णभक्ति काल के प्रमुख व प्रतिनिधि सूर के रूप में सूरदास जी का नाम लिया जाता है। इनके द्वारा रचित रचनाओं में पद, कविता, सोरठा आदि के तीन संकलन हैं: सूरसागर, सूरसारावली, साहित्य लहरी आदि। उनके सभी पदों में श्रीकृष्ण की लीलाओं का अत्यंत मनोरम चित्रण किया गया है।

(6) उद्देश्य कथन (Statement of topic)

- इस पद में किस भाषा का प्रयोग किया गया है? इससे छात्रों को परिचित करवाना।
- श्रीकृष्ण क्यों अपनी माँ से शिकायत करते हैं? इसका कवि किस प्रकार सुंदर वर्णन करता है?
- श्रीकृष्ण दूध की अपेक्षा क्या खाना पसंद करते हैं? इसे विद्यार्थियों को बताना।

(7) प्रस्तुतीकरण (Presentation)

अब हम श्रीकृष्ण की बाललीला पर आधारित पद को पढ़ने जा रहे हैं।

आदर्श वाचन: शिक्षक द्वारा

"मैया कबहु बढ़ेगी चोटी..."

अनुकरण वाचन: छात्रों द्वारा

श्यामपट्ट कार्य: कठिन शब्दार्थ

शिक्षक कार्य: पहले पद का शिक्षक गीत व लय के अनुसार भावानुकूल वाचन करेगा। इसके पश्चात् वह अर्थ स्पष्ट करेगा फिर छात्रों से प्रश्न करेगा।

शिक्षक क्रिया	छात्र क्रिया
प्रश्न–पहली पंक्ति में श्रीकृष्ण भगवान किससे बात कर रहे हैं? **प्रश्न**–वह अपनी माँ से किस बात पर शिकायत कर रहे हैं? **प्रश्न**–उनकी माँ उनको क्या कह कर मनाती है? **प्रश्न**–श्रीकृष्ण चोटी न बढ़ने के कारण अपनी मैया को क्या-क्या तर्क देते हैं? **प्रश्न**–श्रीकृष्ण को दूध की अपेक्षा क्या खाना पसंद है? **प्रश्न**–पद में लंबी चोटी की समानता किससे की गई है? **प्रश्न**–सूरदास आखिरी में कृष्ण की जोड़ी का वर्णन किसके साथ करते हैं? **प्रश्न**–इसमें कौन-कौन से पर्यायवाची शब्द बनाएँ जा सकते हैं।	छात्र स्वयं उत्तर देंगे।

(8) श्यामपट्ट कार्य

(1) चंद्रमा – शशि

(2) मुई – पृथ्वी
(3) अजहूँ – अभी
(4) काँधो – कच्चा
(5) बेनी – चोटी
(6) चिरजीवो – चिर आयु (लंबी आयु)
(7) लॉबी – लंबी
(8) जोटी – जोड़ी
(9) काढत – काटना
(10) दोऊ – दो

(9) पुनरावृत्ति (Recapitulation)

- श्रीकृष्ण अपनी माँ से किस बारे में शिकायत करते हैं?
- उन्हें दूध पीने के लिए किन-किन चीजों के लोभ दिए जाते हैं?
- उन्हें दूध की अपेक्षा क्या खाना पसंद है?
- लंबी चोटी की कल्पना करते हुए उसकी समानता किससे की गई है?

(10) गृह-कार्य (Home-Work)

प्रस्तुत के भाव को अपने शब्दों में व्यक्त करके लाओ।

पाठ योजना 20
(Lesson Plan 20)

'नीलकंठ'

उस दिन एक अतिथि को स्टेशन पहुँचाकर मैं लौट रही थी कि चिड़ियों और खरगोशों की दुकान का ध्यान आ गया और मैंने ड्राइवर को उसी ओर चलने का आदेश दिया।

बड़े मियाँ चिड़िया वाले की दुकान के निकट पहुँचते ही उन्होंने सड़क पर आकर ड्राइवर को रुकने का संकेत दिया। मेरे कोई प्रश्न करने के पहले ही उन्होंने कहना आरंभ किया, "सलाम गुरु जी! पिछली बार आने पर आपने मोर के बच्चों के लिए पूछा था। शंकरगढ़ से एक चिड़ीमार दो मोर के बच्चे पकड़ लाया है, एक मोर है, एक मोरनी। आप पाल लें। मोर के पंजों से दवा बनती है, सो ऐसे ही लोग खरीदने आए थे। आखिर मेरे सीने में भी तो इंसान का दिल है। मारने के लिए ऐसी मासूम चिड़ियों को कैसे दूँ! टालने के लिए मैंने कह दिया–'गुरु जी ने मँगवाए हैं।' वैसे यह कमबख्त रोजगार ही खराब है। बस, पकड़ो-पकड़ो, मारो-मारो।"

बड़े मियाँ के भाषण की तूफानमेल के लिए कोई निश्चित स्टेशन नहीं है। सुनने वाला थककर जहाँ रोक दे वहीं स्टेशन मान लिया जाता है। इस तथ्य से परिचित होने के कारण ही मैंने बीच में उन्हें रोककर पूछा, "मोर के बच्चे हैं कहाँ?" बड़े मियाँ के हाथ के संकेत का अनुसरण करते हुए मेरी दृष्टि एक तार के छोटे-से पिंजड़े तक पहुँची जिसमें तीतरों के समान दो बच्चे बैठे थे। पिंजड़ा इतना संकीर्ण था कि वे पक्षी-शावक जाली के गोल फ्रेम में किसी जड़े चित्र जैसे लग रहे थे।

मेरे निरीक्षण के साथ-साथ बड़े मियाँ की भाषण-मेल चली जा रही थी, "ईमान कसम, गुरु जी–चिड़ीमार ने मुझसे इस मोर के जोड़े के नकद तीस रुपए लिए हैं। बारहा कहा, भई जरा सोच तो, अभी इनमें मोर की कोई खासियत भी है कि तू इतनी बड़ी कीमत ही माँगने चला! पर वह मूँजी क्यों सुनने लगा। आपका ख्याल करके अछता-पछताकर देना ही पड़ा। अब आप जो मुनासिब समझें।" अस्तु, तीस चिड़ीमार के नाम के और पाँच बड़े मियाँ के ईमान के देकर जब मैंने वह छोटा पिंजड़ा कार में रखा तब मानो वह जाली के चौखटे का चित्र जीवित हो गया। दोनों पक्षी-शावकों के छटपटाने से लगता था मानो पिंजड़ा ही सजीव और उड़ने योग्य हो गया है।

घर पहुँचने पर सब कहने लगे, "तीतर हैं, मोर कहकर ठग लिया है।" कदाचित अनेक बार ठगे जाने के कारण ही ठगे जाने की बात मेरे चिढ़ जाने की दुर्बलता बन गई है। अप्रसन्न होकर मैंने कहा, "मोर के क्या सुरखाब के पर लगे हैं। है तो पक्षी ही।" चिढ़ा दिया जाने के कारण ही संभवत: उन दोनों पक्षियों के प्रति मेरे व्यवहार और यत्न में कुछ विशेषता आ गई।

पहले अपने पढ़ने-लिखने के कमरे में उनका पिंजड़ा रखकर उसका दरवाजा खोला, फिर दो कटोरों में सत्तू की छोटी-छोटी गोलियाँ और पानी रखा। वे दोनों चूहेदानी जैसे पिंजड़े से निकलकर कमरे में मानो खो गए, कभी मेज के नीचे घुस गए, कभी अलमारी के पीछे। अंत

में इस लुकाछिपी से थककर उन्होंने मेरे रद्दी कागजों की टोकरी को अपने नए बसेरे का गौरव प्रदान किया। दो-चार दिन वे इसी प्रकार दिन में इधर-उधर गुप्तवास करते और रात में रद्दी की टोकरी में प्रकट होते रहे। फिर आश्वस्त हो जाने पर कभी मेरी मेज पर, कभी कुर्सी पर और कभी मेरे सिर पर अचानक आविर्भूत होने लगे। खिड़कियों में तो जाली लगी थी, पर दरवाजा मुझे निरंतर बंद रखना पड़ता था। खुला रहने पर चित्रा (मेरी बिल्ली) इन नवागंतुकों का पता लगा सकती थी और तब उसके शोध का क्या परिणाम होता, यह अनुमान करना कठिन नहीं है। वैसे वह चूहों पर भी आक्रमण नहीं करती, परंतु यहाँ तो दो सर्वथा अपरिचित पक्षियों की अनधिकार चेष्टा का प्रश्न था। उसके लिए दरवाजा बंद रहे और ये दोनों (उसकी दृष्टि में) ऐरे-गैरे मेरी मेज को अपना सिंहासन बना लें, यह स्थिति चित्रा जैसी अभिमानिनी मार्जारी के लिए असह्य ही कही जाएगी।

जब मेरे कमरे का कायाकल्प चिड़ियाखाने के रूप में होने लगा, तब मैंने बड़ी कठिनाई से दोनों चिड़ियों को पकड़कर जाली के बड़े घर में पहुँचाया जो मेरे जीव-जंतुओं का सामान्य निवास है।

दोनों नवागंतुकों ने पहले से रहने वालों में वैसा ही कुतूहल जगाया जैसा नववधू के आगमन पर परिवार में स्वाभाविक है। लक्का कबूतर नाचना छोड़कर दौड़ पड़े और उनके चारों ओर घूम-घूमकर गुटरगूँ-गुटरगूँ की रागिनी अलापने लगे। बड़े खरगोश सभ्य सभासदों के समान क्रम से बैठकर गंभीर भाव से उनका निरीक्षण करने लगे। ऊन की गेंद जैसे छोटे खरगोश उनके चारों ओर उछल-कूद मचाने लगे। तोते मानो भली-भाँति देखने के लिए एक आँख बंद करके उनका परीक्षण करने लगे। उस दिन मेरे चिड़ियाघर में मानो भूचाल आ गया।

धीरे-धीरे दोनों मोर के बच्चे बढ़ने लगे। उनका कायाकल्प वैसा ही क्रमश: और रंगमय था जैसा इल्ली से तितली का बनना।

मोर के सिर की कलगी और सघन, ऊँची तथा चमकीली हो गई। चोंच अधिक बंकिम और पैनी हो गई, गोल आँखों में इंद्रनी की नीलाभ द्युति झलकने लगी। लंबी नील-हरित ग्रीवा की हर भंगिमा में धूपछाँही तरंगें उठने-गिरने लगीं। दक्षिण-वाम दोनों पंखों में सलेटी और सफेद आलेखन स्पष्ट होने लगे। पूँछ लंबी हुई और उसके पंखों पर चंद्रिकाओं के इंद्रधनुषी रंग उद्दीप्त हो उठे। रंग-रहित पैरों को गरवीली गति ने एक नई गरिमा से रंजित कर दिया। उसका गर्दन ऊँची कर देखना, विशेष भंगिमा के साथ उसे नीची कर दाना चुगना, पानी पीना, टेढ़ी कर शब्द सुनना आदि क्रियाओं में जो सुकुमारता और सौंदर्य था, उसका अनुभव देखकर ही किया जा सकता है। गति का चित्र नहीं आँका जा सकता।

मोरनी का विकास मोर के समान चमत्कारिक तो नहीं हुआ—परंतु अपनी लंबी धूपछाँही गर्दन, हवा में चंचल कलगी, पंखों की श्याम-श्वेत पत्रलेखा, मंथर गति आदि से वह भी मोर की उपयुक्त सहचारिणी होने का प्रमाण देने लगी।

नीलाभ ग्रीवा के कारण मोर का नाम रखा गया नीलकंठ और उसकी छाया के समान रहने के कारण मोरनी का नामकरण हुआ राधा।

मुझे स्वयं ज्ञात नहीं कि कब नीलकंठ ने अपने आपको चिड़ियाघर के निवासी जीव-जंतुओं का सेनापति और संरक्षक नियुक्त कर लिया। सवेरे ही वह सब खरगोश, कबूतर आदि की सेना

एकत्र कर उस ओर ले जाता जहाँ दाना दिया जाता है और घूम-घूमकर मानो सबकी रखवाली करता रहता। किसी ने कुछ गड़बड़ की और वह अपने तीखे चंचु-प्रहार से उसे दंड देने दौड़ा।

खरगोश के छोटे बच्चों को वह चोंच से उनके कान पकड़कर ऊपर उठा लेता था और जब तक वे आर्तक्रंदन न करने लगते उन्हें अधर में लटकाए रखता। कभी-कभी उसकी पैनी चोंच से खरगोश के बच्चों का कर्णवेध संस्कार हो जाता था, पर वे फिर कभी उसे क्रोधित होने का अवसर न देते थे। दंडविधान के समान ही उन जीव-जंतुओं के प्रति उसका प्रेम भी असाधारण था। प्राय: वह मिट्टी में पंख फैलाकर बैठ जाता और वे सब उसकी लंबी पूँछ और सघन पंखों में छुआ-छुऔअल-सा खेलते रहते थे।

ऐसी ही किसी स्थिति में एक साँप जाली के भीतर पहुँच गया। सब जीव-जंतु भागकर इधर-उधर छिप गए, केवल एक शिशु खरगोश साँप की पकड़ में आ गया। निगलने के प्रयास में साँप ने उसका आधा पिछला शरीर तो मुँह में दबा रखा था, शेष आधा जो बाहर था, उससे चीं-चीं का स्वर भी इतना तीव्र नहीं निकल सकता था कि किसी को स्पष्ट सुनाई दे सके। नीलकंठ दूर ऊपर झूले में सो रहा था। उसी के चौकन्ने कानों ने उस मंद स्वर की व्यथा पहचानी और वह पूँछ-पंख समेटकर सर से एक झपट्टे में नीचे आ गया। संभवत: अपनी सहज चेतना से ही उसने समझ लिया होगा कि साँप के फन पर चोंच मारने से खरगोश भी घायल हो सकता है।

उसने साँप को फन के पास पंजों से दबाया और फिर चोंच से इतने प्रहार किए कि वह अधमरा हो गया। पकड़ ढीली पड़ते ही खरगोश का बच्चा मुख से निकल तो आया, परंतु निश्चेष्ट-सा वहीं पड़ा रहा।

राधा ने सहायता देने की आवश्यकता नहीं समझी, परंतु अपनी मंद केका से किसी असामान्य घटना की सूचना सब ओर प्रसारित कर दी। माली पहुँचा, फिर हम सब पहुँचे। नीलकंठ जब साँप के दो खंड कर चुका, तब उस शिशु खरगोश के पास गया और रातभर उसे पंखों के नीचे रखे उष्णता देता रहा। कार्तिकेय ने अपने युद्ध-वाहन के लिए मयूर को क्यों चुना होगा, यह उस पक्षी का रूप और स्वभाव देखकर समझ में आ जाता है।

मयूर कलाप्रिय वीर पक्षी है, हिंसक मात्र नहीं। इसी से उसे बाज, चील आदि की श्रेणी में नहीं रखा जा सकता, जिनका जीवन ही क्रूर कर्म है।

नीलकंठ में उसकी जातिगत विशेषताएँ तो थीं ही, उनका मानवीकरण भी हो गया था। मेघों की साँवली छाया में अपने इंद्रधनुष के गुच्छे जैसे पंखों को मंडलाकार बनाकर जब वह नाचता था, तब उस नृत्य में एक सहजात लय-ताल रहता था। आगे-पीछे, दाहिने-बाएँ क्रम से घूमकर वह किसी अलक्ष्य सम पर ठहर-ठहर जाता था।

राधा नीलकंठ के समान नहीं नाच सकती थी, परंतु उसकी गति में भी एक छंद रहता था। वह नृत्यमग्न नीलकंठ की दाहिनी ओर के पंख को छूती हुई बाईं ओर निकल आती थी और बाएँ पंख को स्पर्श कर दाहिनी ओर। इस प्रकार उसकी परिक्रमा में भी एक पूरक ताल-परिचय मिलता था। नीलकंठ ने कैसे समझ लिया कि उसका नृत्य मुझे बहुत भाता है, यह तो नहीं बताया जा सकता, परंतु अचानक एक दिन वह मेरे जालीघर के पास पहुँचते ही अपने झूले से उतरकर नीचे

आ गया और पंखों का सतरंगी मंडलाकार छाता तानकर नृत्य की भंगिमा में खड़ा हो गया। तब से यह नृत्य-भंगिमा नित्य का क्रम बन गई। प्राय: मेरे साथ कोई-न-कोई देशी-विदेशी अतिथि भी पहुँच जाता था और नीलकंठ की मुद्रा को अपने प्रति सम्मानपूर्वक समझकर विस्मयाभिभूत हो उठता था। कई विदेशी महिलाओं ने उसे 'परफैक्ट जेंटिलमैन' की उपाधि दे डाली। जिस नुकीली पैनी चोंच से वह भयंकर विषधर को खंड-खंड कर सकता था, उसी से मेरी हथेली पर रखे हुए भुने चने ऐसी कोमलता से हौले-हौले उठाकर खाता था कि हँसी भी आती थी और विस्मय भी होता था। फलों के वृक्षों से अधिक उसे पुष्पित और पल्लवित वृक्ष भाते थे।

वंसत में जब आम के वृक्ष सुनहली मंजरियों से लद जाते थे, अशोक नए लाल पल्लवों से ढँक जाता था, तब जालीघर में वह इतना अस्थिर हो उठता कि उसे बाहर छोड़ देना पड़ता।

नीलकंठ और राधा की सबसे प्रिय ऋतु तो वर्षा ही थी। मेघों के उमड़ आने से पहले ही वे हवा में उसकी सजल आहट पा लेते थे और तब उनकी मंद केका की गूँज-अनुगूँज तीव्र से तीव्रतर होती हुई मानो बूँदों के उतरने के लिए सोपान-पंक्ति बनने लगती थी। मेघ के गर्जन के ताल पर ही उसके तन्मय नृत्य का आरंभ होता और फिर मेघ जितना अधिक गरजता, बिजली जितनी अधिक चमकती, बूँदों की रिमझिमाहट जितनी तीव्र होती जाती, नीलकंठ के नृत्य का वेग उतना ही अधिक बढ़ता जाता और उसकी केका का स्वर उतना ही मंद्र से मंद्रतर होता जाता। वर्षा के थम जाने पर वह दाहिने पंजे पर दाहिना पंख और बाएँ पर बायाँ पंख फैलाकर सुखाता। कभी-कभी वे दोनों एक-दूसरे के पंखों से टपकने वाली बूँदों को चोंच से पी-पीकर पंखों का गीलापन दूर करते रहते। इस आनंदोत्सव की रागिनी में बेमेल स्वर कैसे बज उठा, यह भी एक करुण कथा है।

एक दिन मुझे किसी कार्य से नखासकोने से निकलना पड़ा और बड़े मियाँ ने पहले के समान कार को रोक लिया। इस बार किसी पिंजड़े की ओर नहीं देखूँगी, यह संकल्प करके मैंने बड़े मियाँ की विरल दाढ़ी और सफेद डोरे से कान में बँधी ऐनक को ही अपने ध्यान का केंद्र बनाया। पर बड़े मियाँ के पैरों के पास जो मोरनी पड़ी थी उसे अनदेखा करना कठिन था। मोरनी राधा के समान ही थी। उसके मूँज से बँधे दोनों पंजों की उँगलियाँ टूटकर इस प्रकार एकत्रित हो गई थीं कि वह खड़ी ही नहीं हो सकती थी।

बड़े मियाँ की भाषण-मेल फिर दौड़ने लगी—"देखिए गुरु जी, कमबख्त चिड़ीमार ने बेचारी का क्या हाल किया है। ऐसे कभी चिड़िया पकड़ी जाती है! आप न आई होतीं तो मैं उसी के सिर पर इसे पटक देता। पर आपसे भी यह अधमरी मोरनी ले जाने को कैसे कहूँ!"

सारांश यह कि सात रुपए देकर मैं उसे अगली सीट पर रखवाकर घर ले आई और एक बार फिर मेरे पढ़ने-लिखने का कमरा अस्पताल बना। पंजों की मरहमपट्टी और देखभाल करने पर वह महीने भर में अच्छी हो गई। उँगलियाँ वैसी ही टेढ़ी-मेढ़ी रहीं, परंतु वह ठूँठ जैसे पंजों पर डगमगाती हुई चलने लगी।

तब उसे जालीघर में पहुँचाया गया और नाम रखा गया—कुब्जा। नाम के अनुरूप वह स्वभाव से भी कुब्जा ही प्रमाणित हुई। अब तक नीलकंठ और राधा साथ रहते थे। अब कुब्जा उन्हें साथ

देखते ही मारने दौड़ती। चोंच से मार-मारकर उसने राधा की कलगी नोच डाली, पंख नोच डाले। कठिनाई यह थी कि नीलकंठ उससे दूर भागता था और वह उसके साथ रहना चाहती थी। न किसी जीव-जंतु से उसकी मित्रता थी, न वह किसी को नीलकंठ के समीप आने देना चाहती थी। उसी बीच राधा ने दो अंडे दिए, जिनको वह पंखों में छिपाए बैठी रहती थी। पता चलते ही कुब्जा ने चोंच मार-मारकर राधा को ढकेल दिया और फिर अंडे फोड़कर ठूँठ जैसे पैरों से सब ओर छितरा दिए।

इस कलह-कोलाहल से और उससे भी अधिक राधा की दूरी से बेचारे नीलकंठ की प्रसन्नता का अंत हो गया।

कई बार वह जाली के घर से निकल भागा। एक बार कई दिन भूखा-प्यासा आम की शाखाओं में छिपा बैठा रहा, जहाँ से बहुत पुचकारकर मैंने उतारा। एक बार मेरी खिड़की के शेड पर छिपा रहा।

मेरे दाना देने जाने पर वह सदा की भाँति पंखों को मंडलाकार बनाकर खड़ा हो जाता था; पर उसकी चाल में थकावट और आँखों में एक शून्यता रहती थी। अपनी अनुभवहीनता के कारण ही मैं आशा करती रही कि थोड़े दिन बाद सबमें मेल हो जाएगा। अंत में तीन-चार मास के उपरांत एक दिन सवेरे जाकर देखा कि नीलकंठ पूँछ-पंख फैलाए धरती पर उसी प्रकार बैठा हुआ है, जैसे खरगोश के बच्चों को पंखों में छिपाकर बैठता था। मेरे पुकारने पर भी उसके न उठने पर संदेह हुआ।

वास्तव में नीलकंठ मर गया था। 'क्यों' का उत्तर तो अब तक नहीं मिल सका है। न उसे कोई बीमारी हुई, न उसके रंग-बिरंगे फूलों के स्तबक जैसे शरीर पर किसी चोट का चिह्न मिला। मैं अपने शाल में लपेटकर उसे संगम ले गई। जब गंगा की बीच धार में उसे प्रवाहित किया गया, तब उसके पंखों की चँद्रिकाओं से बिंबित-प्रतिबिंबित होकर गंगा का चौड़ा पाट एक विशाल मयूर के समान तरंगित हो उठा। नीलकंठ के न रहने पर राधा तो निश्चेष्ट-सी कई दिन कोने में बैठी रही। वह कई बार भागकर लौट आया था, अतः वह प्रतीक्षा के भाव से द्वार पर दृष्टि लगाए रहती थी। पर कुब्जा ने कोलाहल के साथ खोज-ढूँढ़ आरंभ की। खोज के क्रम में वह प्रायः जाली का दरवाजा खुलते ही बाहर निकल आती थी और आम, अशोक, कचनार आदि की शाखाओं में नीलकंठ को ढूँढ़ती रहती थी। एक दिन आम से उतरी ही थी कि कजली (अल्सेशियन कुत्ती) सामने पड़ गई। स्वभाव के अनुसार उसने कजली पर भी चोंच से प्रहार किया। परिणामतः कजली के दो दाँत उसकी गर्दन पर लग गए। इस बार उसका कलह-कोलाहल और द्वेष-प्रेम भरा जीवन बचाया न जा सका। परंतु इन तीन पक्षियों ने मुझे पक्षी-प्रछति की विभिन्नता का जो परिचय दिया है, वह मेरे लिए विशेष महत्त्व रखता है।

राधा अब प्रतीक्षा में ही दुकेली है। आषाढ़ में जब आकाश मेघाच्छन्न हो जाता है तब वह कभी ऊँचे झूले पर और कभी अशोक की डाल पर अपनी केका को तीव्रतर करके नीलकंठ को बुलाती रहती है।

–महादेवी वर्मा

विषय: हिंदी (कहानी)	**कक्षा:** VIIth
उपविषय: 'नीलकंठ'	**समयावधि:** 35-40 मिनट
	दिनांक: …………

(1) सामान्य उद्देश्य (General Objective)

- छात्रों में रसात्मक एवं रचनात्मक गद्यानुभूति का विकास।
- भाषा के शिल्प और सौंदर्य का विकास करना।
- हिंदी का व्यावहारिक ज्ञान प्रदान करना।
- छात्रों के शब्द भंडार एवं उनके प्रयोग का व्यावहारिक ज्ञान प्रदान करना।
- मुहावरों का मौलिक भाषा में प्रयोग करवाना।
- हिंदी साहित्य के प्रति रुचि जागृत करना।

(2) विशिष्ट उद्देश्य (Specific Objective)

- गद्य के शिल्प एवं सौंदर्य का ज्ञान प्रदान करना।
- पाठ के माध्यम से छात्रों में आरोह-अवरोह के द्वारा रेखाचित्रात्मक रसों की अनुभूति कराना।
- नीलकंठ, राधा और कुब्जा के माध्यम से पक्षी प्रकृति की विभिन्नता का परिचय कराना।
- गद्य विधा रेखाचित्र की विशेषताओं से अवगत कराना।
- चिड़िया विक्रेता बड़े मियाँ के स्वभाव का चित्रण करना।
- पक्षी सुलभ विशेषताओं का वर्णन करना।

(3) पूर्व ज्ञान (Previous Knowledge)

छात्र इस प्रकार के अन्य पाठों का अध्ययन पूर्व में कर चुके हैं।

(4) सहायक सामग्री (Teaching Aids)

श्यामपट्ट, चॉक, डस्टर इत्यादि।

(5) प्रस्तावना (Introduction)

- नील शब्द का क्या अर्थ है?
- कंठ शब्द का क्या अर्थ है?
- 'नीले कंठ वाला' वाक्यांश के लिए एक शब्द दीजिए।

(6) उद्देश्य कथन (Statement of topic)

छात्रों, आज हम हिंदी साहित्य की प्रसिद्ध लेखिका महादेवी वर्मा द्वारा लिखित 'नीलकंठ' नामक पाठ का अध्ययन करेंगे।

(7) प्रस्तुतीकरण (Presentation)

पाठ्य वस्तु एवं शिक्षण बिंदु	शिक्षक क्रियाएँ	छात्र क्रियाएँ
"उस दिन.................. प्रमाण देने लगी।"	अध्यापक उचित आरोह एवं अवरोह तथा उच्चारण के साथ आदर्श वाचन करेगा।	छात्र ध्यानपूर्वक सुनते हैं।
	कठिन शब्दोच्चारण: अछता-पछताकर शंकरगढ़ कमबख्त तूफानमेल खासियत पक्षी-शावकों सुरखाब सिंहासन अभिमानिनी मार्जारी आविर्भूत कायाकल्प कुतूहल धूपछाँही इंद्रधनुषी सहचारिणी	छात्र स्पष्ट एवं शुद्ध उच्चारण का अभ्यास करेंगे।
	कठिन शब्दार्थ: अतिथि–मेहमान कमबख्त–शरारती अनुसरण–पालन करना खासियत–गुण मुनासिब–सही-सही	छात्र शब्द-अर्थ अपनी पुस्तिका में उतारते हैं।

पाठ्य वस्तु एवं शिक्षण बिंदु	शिक्षक क्रियाएँ	छात्र क्रियाएँ
	चूहेदानी–चूहों का पिंजड़ा दुर्बलता–कमजोरी आक्रमण–हमला कुतूहल–खुशी का माहौल (या उत्सुकता)	
"नीलाभ ग्रीवा............ बुलाती रहती है।"	पुनः शिक्षक उचित आरोह, अवरोह एवं उच्चारण के साथ आदर्श वाचन करता है। **कठिन शब्दार्थ:** स्वयं–अपने आप स्पष्ट–साफ-साफ भयंकर–डरावना क्रोधित–गुस्सा सघन–घने स्वर–आवाज हिंसक–झगड़ालू	छात्र ध्यानपूर्वक सुनते हैं।
निरीक्षण कार्य	शिक्षक छात्रों को शब्द-अर्थ उतारने का आदेश देगा तथा लिखित कार्य का निरीक्षण करेगा।	छात्र कठिन शब्दों के अर्थ उतारेंगे।
मौन वाचन	शिक्षक छात्रों को मौन वाचन का आदेश देगा।	छात्र मौन वाचन करेंगे।
मूल्यांकन प्रश्न	**प्रश्न**–मोर-मोरनी के नाम किस आधार पर रखे गए? **प्रश्न**–जाली के बड़े घर में पहुँचने पर मोर के बच्चों का किस प्रकार स्वागत हुआ? **प्रश्न**–लेखिका को नीलकंठ की कौन-कौन सी चेष्टाएँ बहुत भाती थीं?	छात्र उत्तर देते हैं।

(8) पुनरावृत्ति (Recapitulation)

नीलकंठ ने खरगोश के बच्चे को साँप से किस तरह बचाया? इस घटना के आधार पर नीलकंठ के स्वभाव की विशेषताओं का उल्लेख कीजिए।

(9) गृह-कार्य (Home-Work)

- यह पाठ एक 'रेखाचित्र' है। रेखाचित्र की क्या-क्या विशेषताएँ होती हैं? जानकारी प्राप्त कीजिए और लेखिका के लिखे किसी अन्य रेखाचित्र को पढ़िए।
- वर्षा ऋतु में जब आकाश में बादल घिर आते हैं तब मोर पंख फैलाकर धीरे-धीरे मचलने लगता है—यह मोहक दृश्य देखने का प्रयास कीजिए।
- पुस्तकालय से ऐसी कहानियों, कविताओं या गीतों को खोजकर पढ़िए जो वर्षा ऋतु और मोर के नाचने से संबंधित हों।

पाठ योजना 21
(Lesson Plan 21)

'आदमीनामा'

दुनिया में बादशाह है सो है वह भी आदमी
और मुफलिस-ओ-गदा है सो है वो भी आदमी
जरदार बेनवा है सो है वो भी आदमी
निअमत जो खा रहा है सो है वो भी आदमी
टुकड़े चबा रहा है सो है वो भी आदमी

मस्जिद भी आदमी ने बनाई है यां मियाँ
बनते हैं आदमी ही इमाम और खुतबाख्वाँ
पढ़ते हैं आदमी ही कुरआन और नमाज यां
और आदमी ही उनकी चुराते हैं जूतियाँ
जो उनको ताड़ता है सो है वो भी आदमी

यां आदमी पै जान को वारे हैं आदमी
और आदमी पै तेग को मारे है आदमी
पगड़ी भी आदमी की उतारे है आदमी
चिल्ला के आदमी को पुकारे है आदमी
और सुनके दौड़ता है सो है वो भी आदमी

अशराफ और कमीने से ले शाह ता वजीर
ये आदमी ही करते हैं सब कारे दिलपजीर
यां आदमी मुरीद है और आदमी ही पीर
अच्छा भी आदमी ही कहाता है ए 'नजीर'
और सबमें जो बुरा है सो है वो भी आदमी

—नजीर अकबराबादी

विषय: हिंदी (कविता)	**कक्षा:** IXth
उपविषय: 'आदमीनामा'	**समयावधि:** 35-40 मिनट
	दिनांक: ....

(1) सामान्य उद्देश्य (General Objective)

- छात्रों के विभिन्न विषयों के ज्ञान की वृद्धि करना।
- छात्रों की विचार एवं तर्कशक्ति का विकास करना।
- छात्रों की रचनात्मक वृत्ति को जागृत करना।
- छात्रों में अस्त-व्यक्त विचारों को एक व्यवस्था देने और उनमें क्रमबद्ध रूप से सोचने की क्षमता विकसित करना।
- छात्रों को शुद्ध, बोधगम्य, ललित एवं प्रभावोत्पादक भाषा में भाव अभिव्यक्त करने के योग्य बनाना और उनकी रचनात्मक प्रवृत्ति का विकास करना।

(2) विशिष्ट उद्देश्य (Specific Objective)

(क) ज्ञानात्मक

- कविता का रसास्वादन करना।
- छात्रों को सामाजिक एवं नैतिक मूल्यों से अवगत कराना।
- कविता की विषय-वस्तु को पूर्व में सुनी या पढ़ी हुई कविता से संबद्ध करना।
- नए शब्दों के अर्थ समझकर अपने शब्द-भंडार में वृद्धि करना।
- साहित्य के पद्य-विधा (कविता) की जानकारी देना।
- आधुनिक कविता की विशेषताओं से अवगत कराना।

(ख) कौशलात्मक

- स्वयं कविता लिखने की योग्यता का विकास करना।
- उर्दू भाषा के शब्दों का बाहुल्य वाली कविताओं की तुलना अन्य कविताओं से करना।
- मानव के प्रति प्रेम एवं सौहार्द की भावना जागृत करना।

(ग) बोधात्मक

- नैतिकता एवं सामाजिकता पर प्रकाश डालना।
- रचनाकार के उद्देश्य को स्पष्ट करना।
- कविता में वर्णित भावों को हृदयंगम करना।
- मानवीय गुणों की ओर प्रेरित करना।

(घ) प्रयोगात्मक

- कविता के भाव को अपने दैनिक जीवन के व्यवहार के संदर्भ में जोड़कर देखना।

- कविता को समझकर स्वयं कविता लिखने का प्रयास करना।
- कविता का केंद्रीय भाव अपने शब्दों में लिखना।

(3) सहायक सामग्री (Teaching Aids)

श्यामपट्ट, चॉक, डस्टर इत्यादि।

(4) पूर्व ज्ञान (Previous Knowledge)

- कविता-रचना के बारे में ज्ञान है।
- ईश्वर के प्रति भक्ति की भावना है।
- सामाजिक व्यवहार से वाकिफ हैं।
- मानवीय स्वभाव की जानकारी है।

(5) प्रस्तावना (Introduction)

- छात्रों, क्या आपने कोई उर्दू शब्दों की बहुलता वाली कविता पढ़ी है?
- क्या आपने नजीर अकबराबादी की कोई रचना पढ़ी है?
- मानवीय गुण क्या हैं?
- आप अपने आपसे क्या अपेक्षाएँ करते हैं?

(6) उद्देश्य कथन (Statement of topic)

छात्रों, आज हम कवि 'नजीर अकबराबादी' के द्वारा रचित सामाजिकता एवं नैतिक मूल्यों से प्रेरित पाठ 'आदमीनामा' का अध्ययन करेंगे।

प्रथम अन्विति–(दुनिया में ....वो भी आदमी)

- बादशाह और गरीब, भिखारी भी आदमी।
- दौलतमंद और कमजोर। स्वादिष्ट भोजन करने वाला और टुकड़े चबाने वाला।
- मस्जिद बनाने वाला और उसमें बैठकर नमाज पढ़ने वाला भी आदमी।
- वहाँ जूतियाँ चुराने वाला तथा उसे देखने वाला भी आदमी।

द्वितीय अन्विति–(यां आदमी ....वो भी आदमी)

- भले-कमीने, बादशाह-मंत्री भी आदमी।
- पीर-मुरीद, अच्छा-बुरा भी आदमी।
- जान बचाने वाला-जान लेने वाला भी आदमी।
- इज्जत उतारने वाला-इज्जत बचाने वाला भी आदमी।

(7) प्रस्तुतीकरण (Presentation)

पाठ्य वस्तु एवं शिक्षण बिंदु	शिक्षक क्रियाएँ	छात्र क्रियाएँ
	कविता का केंद्रीय भाव: 'आदमीनामा' कविता में मानव के विविध रूपों पर प्रकाश डाला गया है। कवि के अनुसार मानव में अनेक संभावनाएँ छिपी हुई हैं। उसकी परिस्थितियाँ और भाग्य भी भिन्न हैं जिसके कारण उसे भिन्न-भिन्न रूपों में जीवन जीना पड़ता है। बादशाह, वजीर और अमीर भी आदमी हैं; और गरीब, भिखारी, फकीर, फाकेमस्त भी आदमी हैं। आदमी ही इमाम, नमाजी और धार्मिक मनुष्य हैं और आदमी ही उनकी जूतियाँ चुराने जैसा नीच कार्य करता है। संहारकर्त्ता भी आदमी है, रक्षक और करूणावान भी आदमी है। अच्छे-से अच्छा कार्य भी आदमी करता है और बुरा से बुरा काम भी आदमी करता है।	कविता को ध्यानपूर्वक पढ़ना और सुनना तथा समझने का प्रयत्न करना। साथ ही अपनी शंकाओं तथा जिज्ञासाओं का निराकरण करना।
	कवि-परिचय: 'नजीर अकबराबादी' का जन्म सन् 1735 में आगरा शहर में और मृत्यु सन् 1830 में हुई। मियाँ नजीर रहा चलते नज्में कहने के लिए मशहूर थे। नजीर दुनिया के रंग में रंगे हुए एक महाकवि थे। इनकी कविताओं में दुनिया हँसती-बोलती, जीती-जागती, चलती-फिरती और जीवन का त्योहार मनाती नजर आती है। नजीर ऐसे कवि हैं जिन्हें हिंदी और उर्दू, दोनों भाषाओं के	कवि के बारे में आवश्यक जानकारियाँ अपनी अभ्यास पुस्तिका में लिखना।

पाठ्य वस्तु एवं शिक्षण बिंदु	शिक्षक क्रियाएँ	छात्र क्रियाएँ
	लोगों ने अपनाया है। नजीर की कविताएँ हमारी राष्ट्रीय एकता की मिसाल हैं, जिनमें कई जातियाँ, कई प्रदेश, कई भाषाएँ और कई परंपराएँ होते हुए भी सबमें एकता है। 'सब ठाठ पड़ा रह जाएगा, जब लाद चलेगा बंजारा' जैसी नसीहत देने वाला यह कवि अपनी रचनाओं में जीवन का उल्लास और सच्चाई उजागर करता है।	
	शिक्षक के द्वारा पाठ का उच्च स्वर में पठन करना।	उच्चारण एवं पठन–शैली को ध्यान से सुनना।
	कविता के पदों की व्याख्या करना।	कविता को हृदयंगम करने की क्षमता को विकसित करने के लिए कविता को ध्यान से सुनना। कविता से संबंधित अपनी जिज्ञासाओं का निराकरण करना।
	कठिन शब्दों के अर्थ: मुफलिस–गरीब गदा–भिखारी जरदार–मालदार बेनवा–कमजोर निअमत–स्वादिष्ट भोजन इमाम–नमाज पढ़ने वाले खुतबाख्वाँ–कुरान शरीफ का अर्थ बताने वाला अशराफ–शरीफ शब्द का बहुवचन साहिबे–इज्जत–इज्जतदार शाह–राजा/सम्राट वजीर–मंत्री	छात्रों द्वारा शब्दों के अर्थ अपनी अभ्यास–पुस्तिका में लिखना।

पाठ्य वस्तु एवं शिक्षण बिंदु	शिक्षक क्रियाएँ	छात्र क्रियाएँ
	मुरीद–भक्त पीर–धर्मगुरु नजीर–मिसाल कारे–काम दिलपजीर–दिल को लुभाने वाला।	
	छात्रों द्वारा पठित पदों में होने वाली उच्चारण संबंधी अशुद्धियों को दूर करना।	छात्रों द्वारा पठन।
	कविता में आए व्याकरण का व्यावहारिक ज्ञान प्रदान करना। (1) नुक्ता (2) मुहावरे	व्याकरण के इन अंगों के नियम, प्रयोग एवं उदाहरण को अभ्यास-पुस्तिका में लिखना।

(8) मूल्यांकन (Evaluation)

- पहले छंद में कवि की दृष्टि आदमी के किन-किन रूपों का बखान करती है?
- कविता को पढ़कर आपके मन में आदमी के बारे में क्या धारणा बनती है?

(9) पुनरावृत्ति (Recapitulation)

आदमी की प्रवृत्तियों का उल्लेख कीजिए।

(10) गृह-कार्य (Home-Work)

- कविता का सही उच्चारण के साथ उच्च स्वर में पठन करना।
- पाठ के प्रश्न–अभ्यास करना।
- कविता का केंद्रीय भाव संक्षेप में लिखना।
- पाठ में आए कठिन शब्दों का अपने वाक्यों में प्रयोग करना।

पाठ योजना 22
(Lesson Plan 22)

विषय: हिंदी	**कक्षा:** X^{th}
उपविषय: 'सर्वनाम'	**समयावधि:** 35-40 मिनट
	दिनांक: ....

(1) सामान्य उद्देश्य (General Objective)

- व्याकरण के व्यावहारिक पक्ष पर बल देना।
- शिक्षार्थियों में शुद्ध भाषा के प्रयोग के लिए व्याकरण के अध्ययन में रुचि विकसित करना।
- शिक्षार्थियों में भाषा के शुद्ध रूप के प्रयोग करने की आदत का विकास करना।

(2) विशिष्ट उद्देश्य (Specific Objective)

- अपने दैनिक जीवन में प्रयोग करने वाले सर्वनामों से अवगत हो सकेंगे।
- वाक्य संरचना सही से करने के योग्य बन सकेंगे।
- संज्ञा शब्दों से भली-भाँति परिचित हो सकेंगे।
- संज्ञा व सर्वनाम में भेद करने के योग्य बन सकेंगे।

(3) पूर्व ज्ञान (Previous Knowledge)

- क्या आप संज्ञा के विषय में बता सकते हैं–संज्ञा क्या है?
- क्या आप वह, यह, वे, उनका, उन्हें शब्दों का प्रयोग करते हैं?

(4) सहायक सामग्री (Teaching Aids)

चार्ट, चॉक, श्यामपट्ट, सर्वनाम के कुछ उदाहरण।

(5) प्रस्तावना (Introduction)

राम सुंदर लड़का है। राम यहाँ संज्ञा है परंतु जब हम आगे कहते हैं, राम को पढ़ना अच्छा लगता है और राम को लिखने में भी रुचि है। राम को विद्यालय में प्रथम पुरस्कार प्राप्त हुआ। (स्पष्ट है यह वाक्य अटपटे और बोझिल हैं)

इन्हें स्पष्ट और प्रभाव के साथ कैसे लिख सकते हैं?

राम सुंदर लड़का है। **उसे** पढ़ना और लिखना अच्छा लगता है। **वह अपने** विद्यालय में प्रथम आया और पुरस्कृत किया गया है।

(6) उद्देश्य कथन (Statement of topic)

छात्रों, आज हम कक्षा में 'सर्वनाम' के विषय में चर्चा करेंगे। आपने यह, वह, ये, वे, उन्हें, तुम, कौन, किसे आदि शब्द अवश्य सुने होंगे। आप इनका स्वयं भी प्रयोग करते हैं। आज की कक्षा में हम यह जानेंगे कि इन शब्दों का प्रयोग हम क्यों करते हैं? व्याकरण की दृष्टि से इन पदों को ही सर्वनाम कहा जाता है। सर्वनाम के कुल पाँच भेद होते हैं। इन सभी का प्रयोग हम अपने दैनिक जीवन में करते हैं परंतु हमें ज्ञात नहीं होता।

(7) प्रस्तुतीकरण (Presentation)

आगमन विधि का प्रयोग करते हुए सर्वप्रथम विद्यार्थी से ही उदाहरण निकलवाने का प्रयास करेंगे। तत्पश्चात् सर्वनाम की परिभाषा व उसके भेदों का वर्णन करेंगे। जैसे–हम विद्यार्थी से कहेंगे कि अपनी माँ के विषय में 10 पंक्तियों में परिचय दो तदुपरांत उस परिचय में प्रयुक्त सर्वनामों को विद्यार्थी से परिचित कराएँगे।

(8) प्रश्नोत्तर विधि का प्रयोग (Use of Questionnaire)

- संज्ञा किसे कहते हैं?
- क्या आपने हिंदी के किसी पाठ में वह, यह, कोई, जैसा-तैसा, जो-सो, मेरा आदि शब्दों का संबोधन ध्यानपूर्वक किया?
- क्या आप जानते हैं कि इन शब्दों का प्रयोग यहाँ क्यों किया गया है?

(9) श्यामपट्ट कार्य (Blackboard Work)

श्यामपट्ट पर सर्वनाम की परिभाषा और उसके भेद व भेदों के उदाहरण लिखे जाएँगे।

सर्वनाम:

संज्ञा शब्दों के स्थान पर प्रयुक्त होने वाले शब्दों को सर्वनाम कहते हैं। इसके 6 भेद होते हैं।

पुरुषवाचक–हम, मैं (उत्तम पुरुष)
सर्वनाम–तुम, तू (मध्यम पुरुष)
वह, वे (अन्य पुरुष)
निश्चियवाचक सर्वनाम–यह, ये, इसे, इसका, इन्हें, इनको
अनिश्चियवाचक–कोई, कुछ
प्रश्नवाचक–क्या, कोई, कौन, किसे, किन्हें
संबंधवाचक–**जो** करेगा **सो** भरेगा
निजवाचक–अपना, स्वयं, खुद, अपने आप

(11) पुनरावृत्ति (Recapitulation)

- 'दरवाजे पर कोई आया है'–इस वाक्य में सर्वनाम क्या है?

- संज्ञा शब्दों के स्थान पर प्रयुक्त होने वाले पदों को .... कहते हैं।

(12) गृह-कार्य (Home-Work)

सर्वनाम के सभी भेदों का एक-एक उदाहरण अपनी दैनिक जीवनचर्या से ढूँढ़कर लिखिए।

पाठ योजना 23
(Lesson Plan 23)

'टोपी'

एक थी गवरइया (गौरैया) और एक था गवरा (नर गौरैया)। दोनों एक दूजे के परम संगी। जहाँ जाते, जब भी जाते, साथ ही जाते। साथ हँसते, साथ ही रोते, एक साथ खाते-पीते, एक साथ सोते। भिनसार होते ही खोंते से निकल पड़ते दाना चुगने और झुटपुटा होते ही खोंते में आ घुसते। थकान मिटाते और सारे दिन के देखे-सुने में हिस्सेदारी बटाते। एक शाम गवरइया बोली, "आदमी को देखते हो? कैसे रंग-बिरंगे कपड़े पहनते हैं! कितना फबता है उन पर कपड़ा!"

"खाक फबता है!" गवरा तपाक से बोला, "कपड़ा पहन लेने के बाद तो आदमी और बदसूरत लगने लगता है।"

"लगता है आज लटजीरा चुग गए हो?" गवरइया बोल पड़ी।

"कपड़े पहन लेने के बाद आदमी की कुदरती खूबसूरती ढँक जो जाती है।"

गवरा बोला, "अब तू ही सोच! अभी तो तेरी सुघड़ काया का एक-एक कटाव मेरे सामने है, रोंवें-रोंवें की रंगत मेरी आँखों में चमक रही है। अब अगर तू मानुस की तरह खुद को सरापा ढँक ले तो तेरी सारी खूबसूरती ओझल हो जाएगी कि नहीं?"

"कपड़े केवल अच्छा लगने के लिए नहीं, गवरइया बोली, "मौसम की मार से बचने के लिए भी पहनता है आदमी।"

"तू समझती नहीं।" गवरा हँसकर बोला, "कपड़े पहन-पहनकर जाड़ा-गरमी-बरसात सहने की उनकी सकत भी जाती रही है। .....और इस कपड़े में बड़ा लफड़ा भी है। कपड़ा पहनते ही पहनने वाले की औकात पता चल जाती है ......आदमी-आदमी की हैसियत में भेद पैदा हो जाता है।"

"फिर भी आदमी कपड़ा पहनने से बाज नहीं आता।" गवरइया बोली। "नित नए-नए लिबास सिलवाता रहता है।"

"यह निरा पोंगापन है।" गवरा बोला, "आदमी तो लिबास से फकत लाज ही नहीं ढँकता, हाथ-पैर जो चलने-फिरने, काम करने के वास्ते हैं, उन्हें भी दस्ताने और मोजे से ढँक लेता है। सिर पर लटें हैं, उन्हें भी टोपी से ढँक लेता है। अपन तो नंगे ही भले।"

"उनके सिर पर टोपी कितनी अच्छी लगती है।" गवरइया बोली, "मेरा भी मन टोपी पहनने का करता है।"

"टोपी तू पाएगी कहाँ से?" गवरा बोला, "टोपी तो आदमियों का राजा पहनता है। जानती है, एक टोपी के लिए कितनों का टाट उलट जाता है। जरा-सी चूक हुई नहीं कि टोपी उछलते देर नहीं लगती। अपनी टोपी सलामत रहे, इसी फिकर में कितनों को टोपी पहनानी पड़ती है। ....मेरी मान तो तू इस चक्कर में पड़ ही मत।"

गवरा था तनिक समझदार, इसलिए शक्की। जबकि गवरइया थी जिद्दी और धुन की पक्की। ठान लिया सो ठान लिया, उसको ही जीवन का लक्ष्य मान लिया। कहा गया है–जहाँ चाह, वहीं राह। मामूल के मुताबिक अगले दिन दोनों घूरे पर चुगने निकले। चुगते-चुगते उसे रुई का एक फाहा मिला। "मिल गया.... मल गया.... मिल गया...." गवरइया मारे खुशी के घूरे पर लोटने लगी।

"अरे..... क्या मिल गया, रे!" गवरे ने चिहाकर पूछा।

"मिल गया... मिल गया... टोपी का जुगाड़ मिल गया..." गवरइया ने गवरे के सामने रुई का फाहा धर दिया।

"तेरे जैसा ही एक बावरा और था।" गवरा बोला, "रास्ता चलते-चलते उसे अचानक एक दिन पड़ा हुआ चाबुक मिल गया। चाबुक था बड़ा उम्दा और लचकदार। किसी घुड़सवार के हाथ से छूटकर गिर गया होगा। चाबुक हाथ लगते ही वह बावरा चीखने लगा–'चाबुक तो मिल गया, बाकी बचा तीन-घोड़ा-लगाम-जीन'। अब ये तीनों तो रास्ते में पड़े मिलने से रहे। सब काम-धंधा छोड़ वह बावरा ताउम्र यह रटता रहा–'बाकी बचा तीन-घोड़ा-लगाम-जीन'।" गवरा उसे समझाते हुए बोला, "इस रुई के फाहे से लेकर टोपी तक का सफर.... तुझे कुछ अता-पता है?"

"बस देखते जाओ.... अब कैसे बनती है टोपी।" गवरइया रुई का फाहा लिए एक धुनिया के पास चली गई और बड़े मनुहार से बोली, "धुनिया भैया-धुनिया भैया! इस रुई के फाहे को धुन दो।"

धुनिया बेचारा बूढ़ा था। जाड़े का मौसम था। उसके तन पर वर्षों पुरानी तार-तार हो चुकी एक मिर्जई पड़ी हुई थी। वह काँपते हुए बोला, "तू जाती है कि नहीं! देखती नहीं, अभी मुझे राजा जी के लिए रजाई बनानी है। एक तो यहाँ का राजा ऐसा है जो चाम का दाम चलाता है। ऊपर से तू आ गई फोकट की रुई धुनवाने।"

"उज्र न करो भइए!" गवरइया बोली, "मैं तुम्हें पूरी उजरत दूँगी। इसे धुन दो, भैया! आधा तू ले ले, आधा मैं ले लूँगी।"

धुनिए को अपनी जिंदगी में आज तक इतनी खरी मजूरी कभी न मिली थी। सोलह आने में आठ आने मजूरी तो इसके लिए सपना थी। वह झट तैयार हो गया। 'घर्र-चों, घर्र-चों' उसकी ताँती बज उठी। उसने बड़े मन से रुई धुनी, "लो इसे...।" उसमें से आधा धुनिए ने ले लिया और आधा गवरइया ने।

इससे उत्साहित गवरा-गवरइया एक कोरी के यहाँ गए और कहने लगे, "कोरी भैया-कोरी भैया, इस धुनी रुई से सूत कात दो।"

कोरी की कमर झुकी हुई थी। उसने बदन पर धज्जी-धज्जी हो चुका एक धुस्सा डाल रखा था। वह बड़ी अनिच्छा से बोला, "तुम लोग यहाँ से भागते हो कि नहीं। देखते नहीं, अभी मुझे राजा जी के अचकन के लिए सूत कातने हैं। मुझे फुर्सत नहीं है मुफ्त में मल्लार गाने की।"

"भैया, इस मुलुक में सब काम क्या राजा जी के लिए ही होता है?" गवरइया अचरज से बोली।

"तू किस मुलुक से आई है?" कोरी ने उसे भर आँख देखा, "जानती नहीं यहाँ का चलन.... खट मरे बरधा, बैठा खाय तुरंग। यहाँ सब काम राजा जी के नाम पर और राजा जी के लिए होता है। राजा जी के लगुए-भगुए भी तो बहुत हैं... इसी में उनका भी काम होता है।"

"मुकरो मत, भैया! हम तुम्हें माकूल मुआवजा देंगे।" गवरइया बोल पड़ी, "इसे कात दो... आधा तुम ले लो, आधा मैं ले लूँगी।"

कोरी भी तैयार हो गया। इतनी वाजिब मजूरी पर काम न करना मूर्खता होती।

'तन्न... तन्न' करके उसकी तकली चरखी ताता-थैया करने लगी। काफी महीन और लच्छेदार सूत कात दिए उसने।

कदम-कदम पर मिलते कामगारों के सहयोग ने गवरइया को आगे बढ़ने पर उकसा दिया। इसके बाद वे दोनों एक बुनकर के पास गए और इसरार करने लगे, "बुनकर भैया, बुनकर भैया, इस कते सूत से कपड़ा बुन दो।"

बुनकर इन्हें अगबग होकर देखने लगा, "हटते हो कि नहीं यहाँ से! देखते नहीं, अभी मुझे राजा जी के लिए बागा बुनना है। अभी थोड़ी देर बाद ही राजा जी के कारिंदे हाजिर हो जाएँगे। साव करे भाव तो चबाव करे चाकर।" इतना कहकर बुनकर अपने काम में मशगूल हो गया।

"इसे बुन दे भैया!" गवरइया ने साहस संजोकर कहा, "हम सेंत-मेंत का काम नहीं करवाते। इसे बुन दे और आधा तू ले ले, आधा हम ले लेंगे।"

बुनकर ने देखा कि सौदा बुरा नहीं है। वह तैयार हो गया। सूत अपनी ओर खींचकर ताना-बाना पसार दिया। उसका करघा चलने लगा, ढरकी ढुलकने लगी। थोड़ी ही देर में उसने काफी गफश और दबीज कपड़ा बुन दिया। आधा उसने ले लिया और आधा इन्होंने।

गवरइया ने तीन चौथाई मंजिल मार ली थी। कपड़ा लिए-दिए वह एक दर्जी के पास जा पहुँची, "दर्जी भैया-दर्जी भैया, इसकी टोपी सिल दो।"

"खिसकती हो कि नहीं यहाँ से।" दर्जी रोष से बोला, "देखते नहीं, राजा जी की सातवीं रानी से नौ बेटियों के बाद दसवाँ बेटा पैदा हुआ है। अब उस दसरतन के लिए मुझे ढेरों झब्बे सिलने हैं।" दर्जी ने माथे का पसीना पोंछते हुए ठंडी आह भरी, "कुछ देना, न लेना.... भर माथे पसीना।"

"हम तो भइए, बेगार में कुछ करवाते नहीं।" गवरइया बोली, "इस बुने कपड़े की टोपी सिल दे। बल्कि दो टोपियाँ सिल दे। एक तू ले ले, एक हम ले लेंगे।"

मुँहमाँगी मजूरी पर कौन मूजी तैयार न होता। 'कच्च-कच्च' उसकी कैंची चल उठी और चूहे की तरह 'सर्र-सर्र' उसकी सूई कपड़े के भीतर-बाहर होने लगी। बड़े मनोयोग से उसने दो टोपियाँ सिल दीं। खुश होकर दर्जी ने अपनी ओर से एक टोपी पर पाँच फुँदने भी जड़ दिए। फुँदने वाली टोपी पहनकर तो गवरइया जैसे आपे में न रही। डेढ़ टाँगों पर ही लगी नाचने, फुदक-फुदककर लगी गवरा को दिखाने, "देख मेरी टोपी सबसे निराली....पाँच फुँदने वाली।"

"वाकई तू तो रानी लग रही है।" गवरे को भी आखिरकार कहना पड़ा।

"रानी, नहीं, राजा कहो, मेरे राजा!" गवरइया ऊँचा उड़ने लगी, "अब कौन राजा मेरा मुकाबला करेगा।"

टोपी पहनते ही उसके मन में एक नए हुलस ने जोर मारा कि क्यों न इस मुलुक के राजा का भी एक बार जायजा लिया जाए जिसके लिए इत्ते सारे काम होते हैं।

उड़ते-उड़ते वह राजा के महल के कंगूरे पर जा बैठी।

उसी वक्त राजा अपने चौबारे पर टहलुओं से खुली धूप में फुलेल की मालिश करवा रहा था। राजा उस वक्त अधनंगा बदन और नंगे सिर था। एक टहलुआ सिर पर चंपी कर रहा था,

तो दूसरा हाथ-पाँव की उँगलियाँ फोड़ रहा था, तो तीसरा पीठ पर मुक्की मार रहा था तो चौथा पिंडली पर गुद्दी काढ़ रहा था।

गवरइया कंगूरे पर से ही चिल्लाई, "मेरे सिर पर टोपी, राजा के सिर पर टोपी नहीं.... राजा के सिर पर टोपी नहीं।"

मालिश करवाते राजा की नजर गवरइया से टकरा गई। गवरइया के सिर पर फुँदनेदार टोपी देखकर उसकी अकल चकरा गई। वह तो लगातार रटे जा रही थी, "मेरे सिर पर टोपी, राजा के सिर पर टोपी नहीं।"

"अरे कोई मेरी टोपी लाओ.... जरा जल्दी।" राजा दोनों हाथों से अपना सिर ढँकते हुए चिल्लाया।

टोपी आ गई। राजा ने झट पहन भी ली, "देख री फदगुद्दी।"

"मेरी टोपी में पाँच फुँदने", गवरइया ने अब दूसरा ही राग अलापना शुरू कर दिया। "राजा की टोपी में एक भी नहीं.... मेरी टोपी में पाँच फुँदने, राजा की टोपी में फुँदने नहीं।"

राजा को बेहद हेठी महसूस हुई। इस मुलुक के महाबली राजा के सामने एक चिड़िया की यह मजाल! वह बुरी तरह बिगड़ गया, "इस फदगुद्दी की गर्दन मसल दो... पखने नोच लो... सिपाहियों, देर न करो।"

"खमा करें महाराज!" मंत्री ने हाथ जोड़ दिए, "मच्छर मारकर हाथ क्यों गंदा करना! अपने आप चली जाएगी।"

तब राजा सिपाहियों से बोला, "यह ऐसे नहीं मानेगी। इसकी टोपी छीन ले आओ... उसे मैं पैरों से ठोकर मारूँगा।"

एक सिपाही ने गुलेल मारकर गवरइया की टोपी नीचे गिरा दी, तो दूसरे सिपाही ने झट वह टोपी लपक ली और राजा के सामने पेश कर दिया। राजा टोपी को पैरों से मसलने ही जा रहा था कि उसकी खूबसूरती देखकर दंग रह गया। कारीगरी के इस नायाब नमूने को देखकर वह जड़ हो गया–"मेरे राज में मेरे सिवा इतनी खूबसूरत टोपी दूसरे के पास कैसे पहुँची!" सोचते हुए राजा उसे उलट-पुलटकर देखने लगा।

"इतनी नगीना टोपी इस मुलुक में बनाई किसने?" राजा के मन में ख्याल आया। अब तो उस हुनरमंद कारीगर की खोज होने लगी। राजा चाहे और पता न चले!

गिरते-पड़ते दर्जी हाजिर हुआ, "दुहाई अन्नदाता।"

"इतनी बढ़िया टोपी तुमने कभी हमारे लिए क्यों नहीं बनाई?" मेघों की गड़गड़ाहट की मानिंद राजा की आवाज निकली।

"दुहाई अन्नदाता!"

"हमें दुहाई नहीं... वजह बताओ।"

"कपड़ा बहुत उम्दा था सरकार! एकदम गफश और दबीज।"

"ऐसा उम्दा कपड़ा किसने बुना?" नाग की मानिंद राजा फूँक मारने लगा।

गिरते-पड़ते बुनकर हाजिर हुआ, "माफी बख्शें, सरकार।"

"माफी नहीं... वजह बताओ।"

"सूत बड़ा उम्दा था सरकार। एकदम महीन और लच्छेदार।"

"इतना महीन सूत किसने काता?" शेर की मानिंद राजा ने दहाड़ मारी। गिरते-पड़ते कोरी हाजिर हुआ, "जान बख्शें, महाराज!"

"जान नहीं.... वजह बताओ।"

"रुई बड़ी बेहतरीन थी, सरकार! एकदम बादलों की तरह धुनी हुई।"

"इतनी बेहतरीन रुई किसने धुनी?" बिजली की तरह राजा की आवाज कड़की।

हाँफते-छाती पीटते धुनिया हाजिर हुआ, "क्षमा अन्नदाता!"

"क्षमा नहीं.... वजह बताओ।" राजा गुस्से से काँप रहा था, "तुम चारों ने मिलकर इस गवरइया का काम किया.... हमारे लिए आज तक ऐसा काम क्यों नहीं किया?"

"आपके लिए भी किया है, सरकार।" धुनिए ने जमीन पर लेटकर कहा, "आगे भी आपके लिए करेंगे, सरकार?"

"हमारे लिए अब तक जो काम हुआ है, उसमें इतनी नफासत क्यों नहीं थी?"

"अभय दान दें, तो बोलूँ, सरकार!" धुनिया बोला।

"चलो दिया," राजा बोले, "अब बताओ......।"

"महाराज! इस गवरइया ने जो भी काम करवाया उसमें आधा हिस्सा दे देती थी। जिसके पास बहुत कुछ है, वह कुछ भी नहीं देता। इसके पास कुछ भी नहीं था फिर भी यह आधा दे देती थी। इसलिए इसके काम में अपने-आप नफासत आती गई, सरकार।" धुनिया दंडवत पर दंडवत किए जा रहा था।

"देख ले-देख ले, राजा! ....आँख में अँगुली डालकर देख ले। इसके लिए पूरे मोल चुकाए हैं। बेगार की नहीं है यह।" गवरइया फिर चिल्लाने लगी, "यह राजा तो कंगाल है। निरा कंगाल। इसका धन घट गया लगता है। इसे टोपी तक नहीं जुरती.... तभी तो इसने मेरी टोपी छीन ली।"

राजा तो वाकई अकबका गया था। एक तो तमाम कारीगरों ने उसकी मदद की थी। दूसरे, इस टोपी के सामने अपनी टोपी की कमसूरती। तीसरे, खजाने की खुलती पोल। इस पाखी को कैसे पता चला कि धन घट गया है? तमाम बेगार करवाने, बहुत सख्ती से लगान वसूलने के बावजूद राजा का खजाना खाली ही रहता था। इतना ऐशोआराम, इतनी लशकरी, इतने लवाजिमे का बोझ खजाना सँभाले भी तो कैसे!"

तमाम लोग निकल आए थे..... यह अनोखा तमाशा देखने।

मंत्री ने हौले से कहा, "यह मुँहफट तो महाराज को बेपरदा ही करके दम लेगी।"

राजा तो खुद घबरा रहा था, झट से बोल पड़ा, "इसकी टोपी वापस कर दो।" सिपाहियों ने कहना माना। टोपी वापस कंगूरे की ओर हवा में उछाल दी गई। गवरइया ने फिर से टोपी पहन ली और उड़-उड़कर कहने लगी, "यह राजा तो डरपोक है। निरा डरपोक! मुझसे डर गया। तभी तो इसने मेरी टोपी लौटा दी।"

"कौन इस मुँहफट के मुँह लगे? क्यों मंत्री जी!" कहकर राजा ने अपनी टोपी कसकर पकड़ ली।

–सृंजय

विषय: हिंदी (कहानी)	**कक्षा:** VIIIth
उपविषय: 'टोपी'	**समयावधि:** 35-40 मिनट
	दिनांक: ....

(1) सामान्य उद्देश्य (General Objective)

- विद्यार्थियों को मातृभाषा के महत्त्व, शब्दावली और साहित्य का ज्ञान कराना।
- हिंदी भाषा का स्पष्ट व शुद्ध उच्चारण, वाचन करना तथा बोधग्रहण उत्पन्न करना।
- छात्रों में कल्पना शक्ति और चिंतन शक्ति का विकास करना।
- विद्यार्थियों के शब्दकोश में वृद्धि करना।
- उनके संवेगों को प्रशिक्षित करना।
- उनकी भाषा एवं शैली-विषयक रुचि का परिष्कार करना।

(2) विशिष्ट उद्देश्य (Specific Objective)

- कहानी के माध्यम से लोककथाओं पर अति संक्षिप्त चर्चा करना।
- 'टोपी' कहानी में चित्रित समाज के गहरे सामाजिक सरोकारों को प्रस्तुत करना तथा 'सामाजिक संरचना' का ज्ञान।
- राजा की निरंकुशता का आलोचनात्मक अध्ययन।
- जीवनभर आशावादी बने रहने की सीख देना।
- नन्ही गौरैया के दृढ़ निश्चय और प्रयासों से प्रत्येक व्यक्ति पर पड़ने वाले सकारात्मक प्रयासों पर चर्चा।
- सच्चाई, आत्मविश्वास, ईमानदारी, दृढ़निश्चयता का महत्त्व बताना।

(3) सहायक सामग्री (Teaching Aids)

रुई, सूत, कपड़ा, टोपी।

(4) पूर्व ज्ञान (Previous Knowledge)

छात्र पशु-पक्षियों पर आधारित नैतिक विषयक कहानियों के बारे में जानते हैं।

(5) प्रस्तावना (Introduction)

सृंजय द्वारा रचित कहानी एक छोटी-सी गौरैया की कथा है जिसमें वह एक छोटे-से गवरे के साथ खुशी-खुशी रहती थी और अपने लिए एक सुंदर टोपी की कामना करती थी। एक दिन

घूरे चुगते-चुगते उसे रुई का एक काहा मिल जाता है और धीरे-धीरे बुनने लगती है उसकी एक सुंदर टोपी जिसे हम पाठ पढ़ते समय जानेंगे कैसे?

इस कहानी में गहरा सामाजिक सरोकार है। यह सत्ता (शासन) से जनता के संबंधों की समीक्षा करती है। नन्ही गौरैया के दृढ़ निश्चय और प्रयास प्रत्येक व्यक्ति को प्रेरित करते हैं और दायित्व के प्रति जागरूक करते हैं।

(6) उद्देश्य कथन (Statement of topic)

छात्रों, आज हम कहानीकार सृंजय द्वारा रचित कहानी 'टोपी' पढ़ेंगे जो एक नन्ही-सी चिड़िया की कहानी है।

(7) प्रस्तुतीकरण (Presentation)

पाठ्य वस्तु एवं शिक्षण बिंदु	शिक्षक क्रियाएँ	छात्र क्रियाएँ
"एक थी गवरइया (गौरैया)..........मशगूल हो गया।"	अध्यापक उचित आरोह एवं अवरोह तथा उच्चारण के साथ आदर्श वाचन करेगा।	छात्र ध्यानपूर्वक सुनते हैं।
	कठिन शब्दार्थ: भिनसार–प्रात:काल, सवेरा खोंते–घोंसले झुटपुटा–सवेरे या शाम का समय जब प्रकाश इतना कम हो कि कोई चीज साफ दिखाई न दे, वह समय जब कुछ-कुछ अँधेरा और कुछ-कुछ उजाला हो। लटजीरा–चिचड़ा, एक पौधा सरापा–सिर से पाँव तक पहना जाने वाला वस्त्र सकत–शक्ति, सामर्थ्य लफड़ा–उलझन, झंझट फकत–केवल फिकर–चिंता, फिक्र घूरा–कूड़े-करकट का ढेर चिहाकर–चौंककर, चकित होकर जुगाड़–उपाय	छात्र अपनी पुस्तिका में उतारते हैं।

पाठ्य वस्तु एवं शिक्षण बिंदु	शिक्षक क्रियाएँ	छात्र क्रियाएँ
	मनुहार–मनाना चाम–त्वचा, चमड़ा फोकट–मूल्यरहित, मुफ्त उजरत–मजदूरी, मेहनत का बदला, पारिश्रमिक मल्लार–मल्हार, संगीत का एक राग मुलुक–मुल्क, देश लगुए-भगुए–पीछे चलने वाले, मेल-जोल के व्यक्ति मशगूल–व्यस्त सेंत-मेंत का काम–वह काम जिसके लिए कुछ देना न पड़ा हो, बिना लाभ	
"इसे बुन दे भैया! ....अपनी टोपी कसकर पकड़ ली।"	पुनः शिक्षक उचित आरोह, अवरोह एवं उच्चारण के साथ आदर्श वाचन करता है।	छात्र ध्यानपूर्वक सुनते हैं।
	कठिन शब्दार्थ: ढरकी–कपड़ा बुनते हुए जुलाहे जिससे बाने का सूत फेंकते हैं। गफश–गफ्स, घना बुना हुआ दबीज–मोटा, मजबूत बेगार–बिना मजदूरी का काम मूजी–दुष्ट फुँदने–सूत, ऊन आदि का फूल या गुच्छा हुलस–उल्लास, खुशी इत्ते-सारे–इतने सारे टहलुआ–नौकर फुलेल–खुशबूदार तेल फुँदनेदार–गुच्छेदार फदगुद्दी–एक छोटी चिड़िया, गौरैया	छात्र अपनी पुस्तिका में उतारते हैं।

पाठ्य वस्तु एवं शिक्षण बिंदु	शिक्षक क्रियाएँ	छात्र क्रियाएँ
	पखने–पंख खमा–क्षमा नायाब–बहुमूल्य, बेशकीमती हुनरमंद–कुशल, गुणी कारीगर मानिंद–जैसा, अनुरूप, सरीखा नफासत–सज्जा, सजा-सँवरा जुरती–जुटना, एकत्र होना, प्राप्त होना पाखी–पक्षी, चिड़िया लशकरी–पलटन, सेना लवाजिमा–यात्रा आदि में साथ रहने वाला सामान नगीना–सुंदर अकबकाना–भौंचक्का होना, घबराना	
निरीक्षण कार्य	शिक्षक छात्रों को शब्द-अर्थ उतारने का आदेश देगा तथा लिखित कार्य का निरीक्षण करेगा।	छात्र कठिन शब्दों के अर्थ उतारेंगे।
मौनवाचन	शिक्षक छात्रों को मौनवाचन का आदेश देगा।	छात्र मौनवाचन करेंगे।
मूल्यांकन प्रश्न	**प्रश्न**–गवरइया की इच्छा क्या थी? **प्रश्न**–कोरी और बुनकर क्या कार्य करते हैं? **प्रश्न**–गवरइया और गवरा के बीच किस बात पर बहस हुई और गवरइया को अपनी इच्छा पूरी करने का अवसर कैसे मिला? **प्रश्न**–गवरइया की टोपी पर दर्जी ने पाँच फुँदने क्यों जड़ दिए?	छात्र उत्तर देते हैं।

(8) पुनरावृत्ति (Recapitulation)

- चिड़िया की टोपी इतनी सुंदर कैसे बन पाई?

- राजा ने किस डर से चिड़िया की टोपी वापस कर दी?

(9) गृह-कार्य (Home-Work)

- किसी कारीगर से बातचीत कीजिए और परिश्रम का उचित मूल्य नहीं मिलने पर उसकी प्रतिक्रिया क्या होगी? ज्ञात कीजिए और लिखिए।
- गवरइया के स्वभाव से यह प्रमाणित होता है कि कार्य की सफलता के लिए उत्साह आवश्यक है। सफलता के लिए उत्साह की आवश्यकता क्यों पड़ती है, तर्क सहित लिखिए।

4

सूक्ष्म-शिक्षण
(Micro-teaching)

सूक्ष्म-शिक्षण अध्यापक शिक्षा के क्षेत्र में सबसे आधुनिक विधि है, जिसका कार्य विशिष्ट उद्देश्यों के आधार पर शिक्षक के व्यवहार में परिवर्तन लाना है। हमारे देश में सूक्ष्म-शिक्षण की उपयोगिता आधुनिक समय में ही शिक्षाशास्त्रियों द्वारा प्रभावशाली शिक्षक तैयार करने के लिए स्वीकार की गई है। प्रशिक्षण विद्यालयों में अध्यापक प्रशिक्षण की परंपरागत विधियों के स्थान पर सूक्ष्म-शिक्षण के प्रयोग के संबंध में कुछ स्थानों पर कार्य हो रहा है। राष्ट्रीय शैक्षिक अनुसंधान एवं प्रशिक्षण परिषद् द्वारा अन्य शिक्षा संस्थाओं व विश्वविद्यालयों के सहयोग से इस क्षेत्र में कार्य किया गया है।

सूक्ष्म-शिक्षण का सर्वप्रथम ज्ञान अमेरिका के स्टेनफोर्ड विश्वविद्यालय के शोध छात्र कीथ (Kieth Acheson) ने 1961 में किया था। उसने वीडियो टेप-रिकॉर्डर का उपयोग अध्यापकों को तत्काल पृष्ठपोषण (Immediate feedback) प्रदान करने के लिए किया और उसी आधार पर आगे अनेक शिक्षाविदों ने इसका विकास किया। सूक्ष्म-शिक्षण की भिन्न-भिन्न शिक्षाविदों ने भिन्न-भिन्न परिभाषाएँ दी हैं।

"सूक्ष्म-शिक्षण अध्यापक शिक्षा की एक तकनीक है जो शिक्षक को भली-भाँति परिभाषित शिक्षण कुशलताओं को पाँच से दस मिनट की सुनियोजित पाठ योजनाओं के द्वारा व्यवहार में लाने का अवसर प्रदान करती है ...."

–बुश

(Micro–teaching is a teacher education which allows teachers to apply well defined teaching skills to a carefully prepared lesson in a planned series of five to ten minutes.)

–Bush

"........... कक्षा के आकार एवं निर्धारित समय के अनुसार सुनियोजित शिक्षण मुठभेड़ (युक्ति) बताया है।"

–एलेन

(.................... Scaled down teaching encounter in class size and class time.)

–Allen

"सूक्ष्म-शिक्षण अध्यापक शिक्षा की एक प्रक्रिया अथवा कार्यविधि है जो शिक्षण अवधि और कक्षा के आकार को कम करके किसी विशिष्ट शिक्षण कुशलता तक ही सीमित रहकर किसी शिक्षण संस्थिति को अधिक सरल और नियंत्रित बनाती है।" **–क्लिफ**

(Micro-teaching is a teacher training procedure which reduces the teaching situation to a simpler and more controlled encounter achieved by limiting the practice to a specific skill and reducing teaching time and a class size). **–Cliff**

इस प्रकार हम देखते हैं कि सूक्ष्म-शिक्षण के अनुसार छोटी कक्षा (5 से 10) छोटी शिक्षण इकाई कम समय के लिए (6 मिनट से 10 मिनट) पढ़ाई जाती है जिससे कि प्रचलित शिक्षण अभ्यास की जटिलताएँ एकदम कम हो जाती हैं और केवल एक शिक्षण कौशल अभ्यास थोड़े समय होने के कारण पृष्ठपोषण (Feedback) अधिक प्रभावी ढंग से दिया जा सकता है।

सूक्ष्म-शिक्षण के गुण (Merits of Micro-teaching)

सूक्ष्म-शिक्षण का विकास प्रशिक्षण व्यवस्था की कमियों को दूर करने तथा वांछित शिक्षण कौशलों में दक्षता उत्पन्न करने के लिए हुआ है। इसमें निम्न गुण हैं:

(1) सूक्ष्म शिक्षण द्वारा विभिन्न शिक्षण कौशलों का विकास किया जाता है।

(2) यह वास्तविक शिक्षण है जो सामान्य कक्षा शिक्षण की जटिलताओं को कम करता है।

(3) छात्राध्यापक को विशिष्ट शिक्षण कौशल का अभ्यास करने की सुविधा रहती है।

(4) निरीक्षक या पर्यवेक्षक द्वारा पाठ का समुचित निरीक्षण किया जाता है।

(5) पाठ के तुरंत बाद ही छात्र को समुचित प्रतिपुष्टि मिलती है।

(6) प्रतिपुष्टि तथा समालोचना के आधार पर छात्राध्यापक को अपने पाठ को पुनर्नियोजित करने, सुधारने और पढ़ाने का तुरंत अवसर मिलता है।

(7) एक ही प्रशिक्षार्थी के दो या दो से अधिक शिक्षा व्यवहारों की तुलना का अवसर मिलता है।

(8) इसका प्रयोग उपचारात्मक विधि के रूप में किया जा सकता है जिससे छात्राध्यापक अपनी त्रुटियों को सुधार कर उत्तम शिक्षण अभ्यास कर सकते हैं।

(9) शिक्षण और शिक्षण की परिस्थितियों पर प्रभावशाली नियंत्रण रखा जा सकता है।

(10) अनुभवी शिक्षक के लिए इससे नई शिक्षण क्षमताएँ प्राप्त करने, उनका अभ्यास करने और विद्यमान क्षमताओं में सुधार करने का अवसर मिलता है।

अत: यह कहा जा सकता है कि सूक्ष्म-शिक्षण का शिक्षक-प्रशिक्षण के क्षेत्र में महत्त्वपूर्ण योगदान है। इसके द्वारा शिक्षण संबंधी विशिष्ट कौशलों का विकास किया जाता है। व्यक्तिगत क्षमताओं के अनुसार शिक्षण कौशल के विकास को अवसर दिया जाता है। इसके द्वारा पाठ्यवस्तु को बड़े प्रभावशाली ढंग से प्रस्तुत किया जा सकता है। यह पूर्व सेवा तथा सेवारत शिक्षकों के प्रशिक्षण के लिए उपयोगी विधि है।

सूक्ष्म-शिक्षण के दोष (Demerits of Micro-teaching)

इसके निम्नलिखित दोष हैं:

(1) सूक्ष्म कक्षाओं का निर्माण तथा समय तालिका की व्यवस्था करना कठिन है।

(2) प्रशिक्षित पर्यवेक्षकों का अभाव रहता है।

सूक्ष्म शिक्षण के प्रयोग में सावधानियाँ (Precautions in using Micro-teaching)

(1) शिक्षण उद्देश्य का विशिष्टीकरण स्पष्ट होना चाहिए।

(2) इससे पहले अनुकरणीय शिक्षण (Simulated Teaching) का अभ्यास करने से इसकी प्रभावशीलता बढ़ जाती है।

(3) वाद-विवाद द्वारा छात्र की कमजोरियों को सुझाव के रूप में बताया जाना चाहिए।

(4) एक समय में एक ही शिक्षण कौशल का अभ्यास करवाया जाए।

(5) अभ्यास से पूर्व छात्राध्यापक को पाठ योजना बना लेनी चाहिए और शिक्षण युक्तियों का निर्धारण कर लेना चाहिए।

अंत में हम बी.के. पासी एवं एम.एम. शाह के शब्दों में कह सकते हैं, "सूक्ष्म-शिक्षण को शिक्षण कौशलों के प्रशिक्षण के लिए या निदानात्मक तथा उपचारात्मक साधन के रूप में प्रयुक्त किया जाना चाहिए। इसे व्यापक शिक्षण का प्रतिस्थायी नहीं माना जाना चाहिए। यह एक पूरक उपागम के रूप में है। यह मितव्ययी तथा दक्षतापूर्ण होते हुए भी सब कुछ नहीं है।"

5 सूक्ष्म-शिक्षण पर आधारित पाठ योजना (Lesson Planning Based on Micro-teaching)

पाठ योजना 1 (Lesson Plan 1)

विषय: हिंदी (व्याकरण)	**कक्षा:** VIth
उपविषय: 'विपरीतार्थक/विलोम शब्द'	**समयावधि:** 10 मिनट
	दिनांक: ....

(1) सामान्य उद्देश्य (General Objectives)

- छात्रों की विचार एवं तर्कशक्ति का विकास करना।
- छात्रों की रचनात्मक वृत्ति को जागृत करना।
- छात्रों को शुद्ध, बोधगम्य, ललित एवं प्रभावोत्पादक भाषा में भाव अभिव्यक्त करने के योग्य बनाना और उनकी रचनात्मक प्रवृत्ति का विकास करना।
- व्याकरण के व्यावहारिक पक्ष पर बल देना।

(2) विशिष्ट उद्देश्य (Specific Objectives)

छात्रों को विपरीतार्थक/विलोम शब्द से अवगत कराना।

(3) प्रस्तुतीकरण (Presentation)

पाठ्य वस्तु एवं शिक्षण बिंदु	शिक्षक क्रियाएँ	छात्र क्रियाएँ
विपरीतार्थक/विलोम शब्द	अध्यापक छात्रों को बताएगा कि कुछ शब्दों के युग्म ऐसे होते हैं जो परस्पर विरोधी होते हैं। ऐसे युग्म विलोम या विपरीतार्थक कहे जाते हैं।	छात्र ध्यानपूर्वक सुनते हैं।
विपरीतार्थक/विलोम शब्दों के उदाहरण	अध्यापक छात्रों को विपरीतार्थक/विलोम शब्दों के कुछ उदाहरण बताएगा: **शब्द** — **विलोम** आगामी — विगत उग्र — शांत चंचल — स्थिर विरोध — समर्थन आकर्षक — विकर्षक निर्मल — मलिन प्रत्यक्ष — अप्रत्यक्ष महान — क्षुद्र स्थूल — सूक्ष्म तटस्थ — पक्षधर	छात्र अध्यापक के दिए गए उदाहरण को अपनी कार्य पुस्तिका में लिखते हैं।

पाठ योजना 2
(Lesson Plan 2)

विषय: हिंदी (व्याकरण) | **कक्षा:** VIIth
उपविषय: 'पर्यायवाची' | **समयावधि:** 10 मिनट
दिनांक: ....

(1) सामान्य उद्देश्य (General Objectives)

- छात्रों की विचार एवं तर्कशक्ति का विकास करना।
- छात्रों की रचनात्मक वृत्ति को जागृत करना।
- छात्रों को शुद्ध, बोधगम्य, ललित एवं प्रभावोत्पादक भाषा में भाव अभिव्यक्त करने के योग्य बनाना और उनकी रचनात्मक प्रवृत्ति का विकास करना।
- व्याकरण के व्यावहारिक पक्ष पर बल देना।

(2) विशिष्ट उद्देश्य (Specific Objectives)

छात्रों को पर्यायवाची शब्दों से अवगत कराना।

(3) प्रस्तुतीकरण (Presentation)

पाठ्य वस्तु एवं शिक्षण बिंदु	शिक्षक क्रियाएँ	छात्र क्रियाएँ
पर्यायवाची	अध्यापक छात्रों को बताएगा कि एक अर्थ को प्रकट करने वाले अनेक शब्दों को पर्यायवाची या समानार्थी कहते हैं।	छात्र ध्यानपूर्वक सुनते हैं।
पर्यायवाची शब्दों के उदाहरण	अध्यापक छात्रों को पर्यायवाची शब्दों के कुछ उदाहरण बताएगा: **कमल**—शतदल, पुंडरीक, उत्पल, सरसिज, पद्म, अम्बुज, कंज, जलज, नलिन। **गंगा**—भागीरथी, सुरनदी, देवसरि, त्रिपथगा, सुरसरि, जाह्नवी, सुरसरिता। **नदी**—प्रवाहिनी, दरिया, सरिता, तटिनी, तरंगिणी।	छात्र अध्यापक के दिए गए उदाहरण को अपनी कार्य पुस्तिका में लिखते हैं।

पाठ्य वस्तु एवं शिक्षण बिंदु	शिक्षक क्रियाएँ	छात्र क्रियाएँ
	पर्वत–चट्टान, अचल, गिरि, शैल, भूधर, नग, महिधर, पहाड़। **बिजली**–विद्युत, तडित, चपला, दामिनी, सौदामिनी, चंचला। **मुक्ति**–मोक्ष, निर्वाण, परमपद, सद्गति, कैवल्य, परमधाम। **शोकाकुल**–पीड़ित, व्यथित, दुःखी, व्याकुल, विषण्ण, खिन्न। **साँप**–सर्प, नाग, फणधर, फणि, व्याल, अहि, भुजंग, पन्नग, विषधर। **अनुपम**–अपूर्व, अतुल, अनोखा, अद्भुत, अद्बितीय। **दुर्गा**–चंडिका, कालिमा, कुमारी, कल्याणी, कामाक्षी।	

पाठ योजना 3
(Lesson Plan 3)

विषयः हिंदी (व्याकरण) **कक्षाः** VIIIth
उपविषयः 'शब्दों का वर्गीकरण' **समयावधिः** 10 मिनट
दिनांकः ....

(1) सामान्य उद्देश्य (General Objectives)

- छात्रों की विचार एवं तर्कशक्ति का विकास करना।
- छात्रों की रचनात्मक वृत्ति को जागृत करना।
- छात्रों को शुद्ध, बोधगम्य, ललित एवं प्रभावोत्पादक भाषा में भाव अभिव्यक्त करने के योग्य बनाना और उनकी रचनात्मक प्रवृत्ति का विकास करना।
- व्याकरण के व्यावहारिक पक्ष पर बल देना।

(2) विशिष्ट उद्देश्य (Specific Objectives)

छात्रों को शब्दों के वर्गीकरण से अवगत कराना।

(3) प्रस्तुतीकरण (Presentation)

पाठ्य वस्तु एवं शिक्षण बिंदु	शिक्षक क्रियाएँ	छात्र क्रियाएँ
उद्भव अर्थात् उत्पत्ति के आधार पर शब्द	अध्यापक छात्रों को बताएगा कि उद्भव अर्थात् उत्पत्ति के आधार पर शब्द चार प्रकार के होते हैं—तत्सम् शब्द, तद्भव शब्द, देशज शब्द, विदेशी शब्द।	छात्र ध्यानपूर्वक सुनते हैं।
तत्सम् शब्द	अध्यापक छात्रों को बताएगा कि ये हिंदी में संस्कृत से ज्यों के त्यों ले लिए गए शब्द हैं जैसे—मित्र, अग्नि, वरुण, सूर्य।	छात्र अध्यापक के दिए गए उदाहरण को अपनी कार्य पुस्तिका में लिखते हैं।
तद्भव शब्द	अध्यापक छात्रों को बताएगा कि संस्कृत मूल के ऐसे शब्द जिनका हिंदी में प्रयोग कर स्वरूप बदल जाता है जैसे—आँख (अक्षि से), आँसू (अश्रु से), पोखर (पुष्कर से), मोर (मयूर से)।	छात्र अध्यापक के दिए गए उदाहरण को अपनी कार्य पुस्तिका में लिखते हैं।

पाठ्य वस्तु एवं शिक्षण बिंदु	शिक्षक क्रियाएँ	छात्र क्रियाएँ
देशज शब्द	अध्यापक छात्रों को बताएगा कि सड़क, पगड़ी, चूहा, लोटा, थूक आदि अनेक ऐसे शब्द हैं जो परंपरा से साधारण बोलचाल की भाषा में प्रचलित हैं और क्षेत्रीय प्रभाव के कारण हिंदी में आ गए हैं। ये न तो तत्सम् हैं और न ही तद्भव परंपरा के हैं।	छात्र अध्यापक के दिए गए उदाहरण को अपनी कार्य पुस्तिका में लिखते हैं।
विदेशी शब्द	अध्यापक छात्रों को बताएगा कि कंप्यूटर, इंटरनेट, इंजन, चॉक, कुर्ता, खजांची, बुलबुल, इम्तिहान, कद्र, रिश्वत, अवसर, अंजाम, अंदाजा, प्याला, आलू, गमला, अचार, फीता, पलटन, कूपन, कार्टून, चाय, पटाखा, रिक्शा आदि शब्द अंग्रेजी, तुर्की, अरबी, फारसी, पुर्तगाली, फ्रांसीसी, चीनी व जापानी भाषाओं से लिए गए हैं।	छात्र अध्यापक के दिए गए उदाहरण को अपनी कार्य पुस्तिका में लिखते हैं।

पाठ योजना 4
(Lesson Plan 4)

विषय: हिंदी (गद्यांश)	**कक्षा:** IXth
उपविषय: 'राष्ट्रभाषा'	**समयावधि:** 10 मिनट
	दिनांक: ....

(1) सामान्य उद्देश्य (General Objectives)

- छात्रों की विचार एवं तर्क शक्ति का विकास करना।
- छात्रों की रचनात्मक वृत्ति को जागृत करना।
- छात्रों को शुद्ध, बोधगम्य, ललित एवं प्रभावोत्पादक भाषा में भाव अभिव्यक्त करने के योग्य बनाना और उनकी रचनात्मक प्रवृत्ति का विकास करना।
- व्याकरण के व्यावहारिक पक्ष पर बल देना।

(2) विशिष्ट उद्देश्य (Specific Objectives)

छात्रों को गद्यांशों के आधार पर प्रश्नों के उत्तर देने योग्य बनाना।

अनुच्छेद–1

पाँच प्रतिशत अंग्रेजी बोलने और समझने वाला वर्ग देश का शासक बन बैठा है। जो अंग्रेजी बोलना नहीं जानता वह भी अपने बच्चों को अंग्रेजी स्कूल में पढ़ाना चाहता है। अंग्रेजी भाषा का राज और व्यवसाय से जुड़े होने के कारण हिंदी अपना उचित स्थान ग्रहण नहीं कर पा रही है। जिस राष्ट्रभाषा हिंदी की पाँच उपभाषाएँ तथा कई-कई बोलियाँ हैं, जिसके माध्यम से भारत के अधिकतर प्रांतों में हिंदी बोली जाती है, उसकी अपने ही देश में दुर्गति हो रही है।

14 सितम्बर, 1949 को संविधान में संघ की राजभाषा घोषित करने के बाद भी वह अपना पद नहीं पा सकी है। इसका कारण हिंदी के अपने ही लोग हैं जिन्हें अपनी ही भाषा के सामर्थ्य पर विश्वास नहीं है। हिंदी से जुड़े व्यक्ति व संस्थाएँ अपराध-बोध से ग्रसित हैं। देश के सभी बड़े व महान् नेताओं ने, चाहे वे किसी भी भाषा से संबंधित रहे, उन्होंने हिंदी की हिमायत की। राष्ट्रपिता महात्मा गाँधी ने हिंदी राष्ट्रभाषा के संदर्भ में कहा है कि "अगर मेरे हाथों में तानाशाही सत्ता हो तो मैं आज ही विदेशी माध्यम के जरिए पढ़ने वाले हजारों लड़के-लड़कियों की शिक्षा बंद कर दूँ। मैं पाठ्यपुस्तकों की तैयारी का इंतजार नहीं करूँगा। वे तो माध्यम के पीछे-पीछे चली आएँगी। यह एक बुराई है, जिसका तुरंत इलाज होना चाहिए।"

हिंदी हमारी संपर्क की, राष्ट्र की व राज की भाषा है। उसकी शक्ति को पहचानते हुए उसका प्रसार होना चाहिए। हमारे राष्ट्र में राष्ट्रभाषा के प्रचार हेतु शिक्षा में त्रिभाषा सूत्र लागू किया गया है जिससे देश के सभी लोग हिंदी से परिचित हो सकें। इसके अलावा अनेक स्वैच्छिक संस्थाएँ मनोयोग से हिंदी के प्रचार-प्रसार का कार्य कर रही हैं। लेकिन हिंदी का विस्तार तब तक नहीं हो सकता जब तक उसमें हमारा दृढ़ विश्वास नहीं जागता।

(3) प्रस्तुतीकरण (Presentation)

अध्यापक प्रश्न	छात्र उत्तर
प्रश्न—हिंदी के प्रसार के लिए सर्वाधिक आवश्यकता क्या है?	उत्तर—हिंदी में जनसामान्य के विश्वास की।
प्रश्न—इस अवतरण का सर्वाधिक उपयुक्त शीर्षक क्या है?	उत्तर—राष्ट्रभाषा हिंदी का महत्त्व
प्रश्न—महात्मा गाँधी की मातृभाषा क्या थी?	उत्तर—गुजराती
प्रश्न—किस भाषा को संविधान में संघ की भाषा घोषित किया गया है?	उत्तर—राजभाषा हिंदी को
प्रश्न—लेखक देश के विकास में किस भाषा के प्रचार-प्रसार को अनिवार्य मानता है?	उत्तर—राष्ट्रभाषा को

6 एक आदर्श शिक्षक कैसे बनें? (How to become an Ideal Teacher?)

एक अच्छे शिक्षक की परिभाषा (Definition of a Good Teacher)

अध्यापन की एक अमेरिकी परिभाषा के अनुसार, "अध्ययन उचित व्यवहारों का सतत् तथा प्रभावशाली स्थानांतरण है, जो पूर्व-निर्धारित तथा विशिष्ट परिणामों की उपलब्धि तक ले जाता है।" इस प्रकार एक शिक्षक वह है जो विद्यार्थियों को सिखाए कि कैसे ज्ञान अधिग्रहण की दशा में बढ़ते हुए वे अपने जीवन को स्वच्छ तथा नियंत्रित ढंग से जीएँ। एक अच्छे शिक्षक का गुण चेतनत्व है, जो विद्यार्थियों को आदर्श शिक्षा देने के लिए महत्त्वपूर्ण है। उसे शिक्षण का सही तरीका आना चाहिए, जिससे विद्यार्थी अधिगमन के लिए प्रेरित हों तथा अपने आप को अध्ययन की ओर समर्पित कर सकें।

"एक अच्छा शिक्षक अधिगमन का प्रदाता है, वह वो है जो जानकारी देता है और जो चीजों का स्पष्टीकरण प्रदान करता है। वह कुछ ऐसा है जो विद्यार्थी को एक परिपूर्ण व्यक्ति के रूप में देखता है तथा उस परिपूर्ण बच्चे को समझने की कोशिश करता है। उनकी अपेक्षाएँ उच्च होती हैं, किंतु साथ ही दयाभाव भी होता है।"

एक अध्यापक की कुछ अन्य परिभाषाएँ इस प्रकार हैं:

(1) एक प्रभावी शिक्षक एक अच्छा व्यक्ति है, जो एक अच्छे नागरिक, अच्छे माता-पिता तथा अच्छे कर्मचारी होने के लिए आदर्श समुदाय से मिलाप करता है। उससे ईमानदार, परिश्रमी, उदार, मैत्रीपूर्ण तथा समझदार होने की अपेक्षा होता है तथा साथ ही अपनी कक्षा में आधिकारिक क्षमता रखते हुए, अनुशासित, अंतर्दृष्टियुक्त तथा समर्पित होते हुए इन गुणों को दिखने की भी अपेक्षा होती है।

(2) एक प्रभावी अध्यापक वह है जो विद्यार्थियों के अधिगमन परिणामों से जुड़ा होता है। उससे शिक्षण में पाँच प्रमुख व्यवहारों तथा पाँच सहायक व्यवहारों को दर्शाने की अपेक्षा रखी जाती है। पाँच प्रमुख व्यवहार हैं:

(क) पाठ की स्पष्टता,

(ख) निर्देशन की विभिन्नता,

(ग) कार्य रुझान,

(घ) अधिगमन प्रक्रिया में संलग्नता, और

(ङ) विद्यार्थी की सफलता।

एक अच्छा शिक्षक होने के लिए आपको क्या करना चाहिए? (What should you do being a good teacher?)

एक सुप्रसिद्ध शिक्षाविद् कोमोनेनियस के अनुसार, शिक्षण को सफल बनाने के लिए तीन चीजें अत्यधिक महत्त्वपूर्ण हैं, अच्छे शिक्षक, अच्छी पद्धतियाँ तथा अच्छी पुस्तकें। वास्तव में, अच्छे शिक्षक विद्यार्थियों के शिक्षण को सफल बनाने में महत्त्वपूर्ण भूमिका निभाते हैं। एक शिक्षक होने के नाते उसे अपनी छवि, आवाज तथा शारीरिक हाव-भाव का इस प्रकार इस्तेमाल करना चाहिए जिससे कि आपसी संपर्क तथा व्यवहार विद्यार्थियों के बीच सुव्यवस्थित तरीके से गतिशील रहे। कवि के विषय में उसे निम्नलिखित ढंग से व्यवहार करना चाहिए:

(1) उसे उचित प्रकार के वस्त्र पहनने तथा सुस्थिर होना चाहिए।

(2) उसे कक्षा में विद्यार्थियों से पहले पहुँचना चाहिए तथा जब विद्यार्थी आएँ तो उनका अभिवादन करना चाहिए।

(3) प्रासंगिक क्षेत्र में अध्यापन के विषय में उसे उत्साहित होना चाहिए।

(4) उसे उन विद्यार्थियों की पहचान तथा सहायता करनी चाहिए जो अध्ययन में समस्याग्रस्त या कमजोर हैं।

(5) उसे सतर्क तथा इस ओर ध्यान केंद्रित करना चाहिए कि उसके विद्यार्थी कैसे व्यवहार कर रहे हैं।

(6) उसे सावधान, शांत तथा धैर्यवान श्रोता तथा वक्ता होना चाहिए।

एक अच्छे शिक्षक की आवाज तथा शारीरिक हाव-भाव (Voice and Body Language used by a Good Teacher)

भली-भाँति तैयारी के साथ अपने शिक्षण को यादगार बनाने हेतु शिक्षक को एक प्रभावी स्वर का इस्तेमाल करना चाहिए। इसके अतिरिक्त आवाज या स्वर को लेकर उसमें निम्नलिखित विशेषताएँ होनी चाहिए:

(1) शिक्षक को आरंभ व अंत जोरदार करना चाहिए।

(2) बीच-बीच में आपसी बातचीत तथा जाँच-पड़ताल, शिक्षक को एक बात अवश्य समझनी चाहिए कि विद्यार्थी अधिगमन कर रहे हैं।

(3) सटीक समय के लिए सुनियोजन।

(4) विद्यार्थियों तथा विषय-वस्तु के अनुसार उचित शिक्षण पद्धति का चुनाव। साथ ही अधिगमन में विद्यार्थियों की मदद करना विशेष रूप से उनकी, जो समस्या से ग्रस्त हैं।

स्वर के इस्तेमाल में हिसाब से एक अच्छा शिक्षक वह होगा जो निम्नलिखित बातों का ध्यान रखेगा:

(1) क्या आपकी आवाज पीछे बैठे विद्यार्थियों को सुनाई दे रही है?

(2) क्या आप अति उत्साह का सृजन करते हैं?

(3) क्या आप शीघ्रता से उत्तेजित होते हैं?

(4) क्या आप उत्साहजनक ढंग से बोरियत रोकने में सक्षम हैं?

(5) क्या आप में आत्मविश्वास है तथा आप कक्षा को नियंत्रित करने में सक्षम हैं?

(6) क्या आप महत्त्वपूर्ण बिंदुओं पर जोर देने के लिए अच्छे उदाहरणों का इस्तेमाल कर रहे हैं?

एक आदर्श शिक्षक को विद्यार्थियों के बीच एक सक्रिय सलाहकार की महत्त्वपूर्ण भूमिका को निभाने की आवश्यकता होती है। उसे इन क्षेत्रों के विषय में सतर्क होना चाहिए:

(1) नियंत्रण (Control): निर्देश बनाना और देना और विद्यार्थियों के बीच रुककर सूक्ष्मता से उसका असर देखना।

(2) मार्गदर्शन (Guide): स्पष्ट करना कि आवश्यकता क्या है, विद्यार्थियों को स्वामित्व देना तथा उन्हें आवश्यकता पढ़ने पर सलाह देने का प्रस्ताव रखना।

(3) परामर्श (Consult): एक व्यापक रूपरेखा देना, विद्यार्थियों को विचारों पर चर्चा करने को तथा कार्यवाही में सहमत होने को कहना, स्वयं को एक पृथक् विशेषज्ञ संदर्भ बिंदु के रूप में इस्तेमाल करना।

(4) सहायता (Facilitate): एक एकल निर्देश देना, सामूहिक चर्चा को निर्देशित करना तथा इससे एक प्रगति पत्र बनने की अपेक्षा करना।

एक शिक्षक के हाव-भाव विद्यार्थी के विषय-क्षेत्र की प्रकृति के अनुसार बदल सकते हैं। एक शिक्षक होने के नाते, उसे प्रभावी शिक्षण के लिए अपनी आवाज का इस्तेमाल सावधानीपूर्वक करना चाहिए। एक अच्छे शिक्षक को विद्यार्थियों के प्रति जोश में आने या उग्र होने की आवश्यकता नहीं होती। उसे विद्यार्थियों को प्रश्न पूछने का अवसर देना चाहिए जिससे कि व्यवहार स्थानांतरण प्रभावी ढंग से संभव हो सके। कभी-कभी वह भूल जाता है कि उसे अधिगमन सिद्धांत के लिए विद्यार्थियों हेतु एक विशेष कार्य सौंपा गया है।

फ्रेंचाइज बेकन के अनुसार, अधिगमन दो प्रकार का हो होता है: एक है बच्चों का अधिगमन और दूसरा व्यस्क अधिगमन।

(1) व्यस्क अधिगमन में शिक्षक किसी को पढ़ा नहीं सकता; केवल अधिगमन में मदद करता है। अत: आवाज का प्रयोग करते समय उसे जिम्मेदार तथा चतुर होने की आवश्यकता होती है। इसलिए **सॉमरसेट मागम** कहते हैं, "रेजर की धार पर से गुजरना कठिन हैं, किंतु बुद्धिमान कहते हैं मोक्ष का मार्ग कठिन है।"

(2) एक अध्यापक को अपनी शारीरिक भाव-भंगिमाओं का इस्तेमाल सावधानीपूर्वक करना चाहिए। इस संबंध में उसे निम्नलिखित बिंदुओं को ध्यान में रखना चाहिए:

(क) शिक्षक क्या कहना चाहता है उसकी छवि को दिमाग में रखे तथा कैसे उसे विद्यार्थियों तक पहुँचाना है, अभ्यास करे।

(ख) क्या वह स्वच्छता से/आरामदायक पोशाक में है?

(ग) क्या वह आँखों का संपर्क बनाएगा?

(घ) वह बैठेगा या खड़ा रहेगा?

कहने का आशय यह है कि अध्यापक का व्यवहार ऐसा हो कि वह प्रभावी तथा सक्षम अधिगमन हेतु विद्यार्थियों को आकर्षित करे।

विद्यार्थियों को संभाषण देना (Lecturing the Students)

संभाषण देते समय कुछ सीमाएँ होती हैं जो विद्यार्थियों की ओर अधिगमन में रुकावट बन सकती हैं। कभी-कभी लगातार बोलने से संभाषण उबाऊ तथा बोर बन जाता है। यदि विद्यार्थियों में रुखापन झलकता है तो अध्यापक को अपने पढ़ाने के तरीके को बदलना चाहिए। उसे मुक्त-सिरों वाले प्रश्न पूछने चाहिए। मुक्त सिरे वाले प्रश्न विद्यार्थियों को सम्मिलित करते हैं। संभाषण देते हुए कुछ सीमा बद्धताएँ इस प्रकार हो सकती हैं:

(1) उग्र शब्दों का इस्तेमाल न करना।

(2) संभाषण देते समय दोहराव न करना।

(3) अर्थपूर्ण प्रश्न न पूछना।

(4) एक समय में कई प्रश्न पूछना।

(5) उत्तरों पर खुद प्रतिक्रिया न देना या दूसरों को शामिल करना।

(6) प्रश्न को समझने का अवसर न देना और उत्तर देना।

(7) उत्तरों का स्वागत न करना।

(8) उत्तर देने और प्रश्न पूछने में जटिल होना।

एक आदर्श शिक्षक को भाषा का इस्तेमाल करने में निपुण होना चाहिए। एक शिक्षक की ओर से जागरूकता तथा सौहार्द्रपूर्ण वातावरण बनाना अति आवश्यक है। संभाषण में सुधार निम्नलिखित ढंग से लाया जा सकता है:

(1) चुनौतियों तथा संभाषण पर चर्चा के अवसर देकर बिखरे हुए संभाषण पर चर्चा के अवसर देकर बिखरे हुए संभाषण को ठोस रूप देना।

(2) अभ्यास के लिए विद्यार्थियों के समूह बनाना, जो संभाषण के विषय को विकसित करती हैं व जिसमें वापस एक रिपोर्ट लेने तथा विश्लेषण की आवश्यकता होती है।

(3) संभाषण में जो कुछ भी कहा गया हो उसके उदाहरण दिखने हेतु अभिनय का इस्तेमाल करना।

Feedback is the breakfast of Champions.

Ken Blanchard

You can Help other students.
"Inform any error or mistake in this book."

We and Universe
will reward you for Your Kind act.

Email at : feedback@gullybaba.com
or
WhatsApp on 9350849407

NOTES

NOTES

www.ingramcontent.com/pod-product-compliance
Lightning Source LLC
Chambersburg PA
CBHW071346230926
51846CB00002B/459
* 9 7 8 9 3 8 2 6 8 8 3 4 1 *